의학박사 정진홍의 의학 에세이

별들도 이런 병을 앓았다

별들도 이런 병을 앓았다

초판 1쇄 펴낸날 | 2015년 5월 27일

지은이 | 정진홍
펴낸이 | 신영미
펴낸곳 | 하늬바람에 영글다

인쇄·제본 | 네오프린텍

주소 | 서울시 성북구 장위로 29길 16
대표전화 | (02) 918-7787
팩시밀리 | (02) 918-7787
출판등록 | 2014년 07월 10일 제307-2014-33호

ISBN 979-11-953699-3-5 03810

2015 ⓒ 정진홍

이 책의 저작권은 저자에게 있습니다. 서면에 의한 허락 없이 무단 전재와 무단 복제를 금합니다.

값 12,000원

*잘못 제본된 책은 바꿔드립니다.

의학박사 정진홍의 의학 에세이

별들도 이런 병을 앓았다

하늘바람에 엮글다

서문

첫판이 출간된 지 어언 30여 년이 세월이 지났습니다. 이 책은 약 3년간에 걸쳐 신문에 매주 실렸던 글입니다. 사람의 건강에 관한 정보는 사실상 그 실정을 알기에는 한계가 있습니다. 더군다나 역사적인 인물인 경우는 더더욱 그렇습니다. 살아 있는 사람들, 주요한 자리에 있는 분들, 저명한 분들일수록 자기의 건강이나 병력에 대한 비밀을 지키려고 합니다. 동서고금이 차이가 없습니다. 질병은 사람의 정신적인 활동은 물론 그 사람의 활동영역에 지대한 영향을 미칩니다. 국가 최고지도자의 건강상태를 알아내는 일은 너무나 중대하기 때문에 요즈음에는 각국의 최대의 정보기관조차 이 일에 눈에 불을 켜고 활동하고 있습니다. 대기업 CEO의 건강상태는 주식투자자가 가장 알고 싶어하는 정보의 하나입니다. 미술시장에서 유명화가의 질환에 대한 정보는 그 그림의 미래가치에 지대한 영향을 미친다는 것은 이제는 정설이 되어 있습니다. 이 책이 출간되어 방송에서 일부를 내보냈고 〈월간중앙〉에서 발췌하여 소개한 바 있습니다. 이번 새로운 판의 출간은 이 책을 기억하고 그 소중함을 아시는 분들, 특히 서울의대 정현채 교수님의 격려가 많은 역할을 하였습니다. 대학에서 참고도서로 추천하여 주신 교수님들께도 감사의 말씀을 드립니다. 이와 같은 작업이 앞으로 더욱 활발하게 전개되어 사람의 건강과 질병이 역사에 어떻게 영향을 미쳐 왔는지, 여기에 대한 대처의 방법은 무엇인지 그 연구활동이 이루어져야 한다고 생각합니다. 이 분야에 대한 새로운 개념의 학문영역이 열릴 것을 기대합니다. 기괴한 수많은 사건이 세상을 엄습하는 지금, 세상을 보는 훈련에 이 책이 조금이라도 도움이 되기를 소망합니다.

2015년 봄
정진홍

차례

서문 • 4

제1부 정치가와 병

정치와 의사 • 12
케네디와 아디손씨병 • 15
닉슨과 노이로제 • 20
브레즈네프의 비밀 • 23
처칠과 폐렴 • 26
간디와 맹장염 • 29
루스벨트와 소아마비 • 32
드골과 마르팡씨병 • 35
히틀러와 정류고환 • 38
손문과 아편 • 41
주은래와 식도암 • 44
아이젠하워와 심장병 • 47
덜레스와 복부암 • 50
말라리아와 알렉산더 • 53
조조와 뇌수술 • 56
이박사와 장수비결 • 59
조병옥 박사의 최후 • 65
백범과 홍역 • 69
손병희와 위장병 • 72
세조와 의원 • 75

풍신수길과 뇌막염 • 78
매독과 알 카포네 • 81
아인슈타인과 방광염 • 84
조산아 뉴턴 • 87
퀴리 부인의 죽음 • 90
멘델과 신장염 • 93

 예술가와 병

한용운과 신경통 • 98
김동인과 불면증 • 101
염상섭과 직장암 • 104
공초와 담배 • 107
가스중독된 순애보 • 110
성북동 비둘기와 뇌일혈 • 113
투르게네프와 통풍 • 116
셜록 홈즈와 법의학 • 119
랭보와 종기 • 122
헤밍웨이와 인후통 • 125
도스토예프스키와 간질 • 128
오스카 와일드와 뇌막염 • 131
러셀과 독감 • 134
알코올 중독과 오닐 • 137
발레리와 영양실조 • 141
베토벤과 간경변증 • 144
슈베르트와 장티푸스 • 147
브람스와 간암 • 150
드뷔시와 장폴립 • 153
홍난파와 늑막염 • 156

고흐와 정신분열증 • 159
이중섭과 간염 • 162
의학자 다빈치 • 165
세잔과 당뇨병 • 168
고갱과 피부병 • 171
칸딘스키와 동맥경화증 • 174
비비안 리와 결핵 • 177
에디뜨 삐아프와 고독 • 180
발렌티노와 복막염 • 183

제3부 히포크라테스의 곡

착각의 노예 • 188
의사란 누구인가 • 193
히포크라테스의 곡(哭) • 199
한 여의사의 죽음이 의미하는 것 • 204
상식과 비상식 • 209
상한 급식빵도 할 말 있는지 • 213
우리와 자기 • 217
현대생활과 육아 • 221
천재 이야기 • 224
쌍둥이 야화 • 227
천연두 이야기 • 230
안경 이야기 • 233
생명은 주고 빼앗는 것인가 • 236
석유와 의술 • 239
행림(杏林)과 도규(刀圭) • 242
민중의학론 • 245

꽃술 터지는 시대 • 248
열대어 • 251
개선문 • 255
나는 탄핵한다 • 257
퀴논의 비극 • 260
동천(冬天)과 사마천(司馬遷) • 262
여우와 원만족(圓滿族) • 264
조조삼소(曹操三笑) • 266
오노다 소위의 비극 • 269
트윈드래곤호 • 272
지식인 • 275
아니콘의 보물 • 278
첩보원 조르게 • 280
악어새 • 283
소아병적(小兒病的) • 286
갈대와 신문 • 288
지닌 자의 양심 • 291
상서시대(上書時代) • 294
무서운 어른들 • 297
육아론 시비 • 300
프로크로스테스의 침대 • 302
사슴과 꼴뚜기 • 304
굶주리는 아이들 • 307
겨울바다 • 309
인생의 굴레 • 311
오! 내일 • 314

발문 한승원_ 우리들의 항암제 • 317

제1부
정치가와 병

사람의 행동은 그 사람의 생각의 표현이고 생각은 육체의 조화에서 나온다고 하면 육체의 병이 사람의 생각에 수많은 영향을 미친다는 것은 당연한 이치다.

정치와 의사

정치에 있어서 의학의 역할은 막대하였는데도 경제학, 사회학 등의 관련 분야보다는 훨씬 무시되고 있다. 사람의 행동은 그 사람의 생각의 표현이고 생각은 육체의 조화에서 나온다고 하면 육체의 병이 사람의 생각에 수많은 영향을 미친다는 것은 당연한 이치다.

정치를 하면서 의학의 중요성을 의식한 통치자는 많았다. 특히 명군이라 일컫는 왕이나 황제는 일찍이 의학의 중요성을 인식하여 의학의 발달에 힘쓴 것은 물론이고 의료인들을 우대하였다.

조선의 세종대왕은 말할 것도 없고 조카의 임금 자리를 빼앗았다 하여 욕을 먹고 있는 세조만 하더라도 활달하고 거칠기까지 한 그의 성품에 걸맞지 않게 의학에 대한 관심은 대단하였다.

더군다나 그의 재위 9년에는 《의약론》을 손수 저술하였을 뿐만 아니라 의원들과 의술에 대한 얘기를 나누기를 좋아하였다.

세조는 《의약론》에서 의사(원)를 8부류로 나누었다. 의사 중에는 심의(心醫), 식의(食醫), 약의(藥醫), 혼의(昏醫), 광의(狂醫), 망의(妄醫), 사의(詐醫), 살의(殺醫)가 있다고 한다. 이를 의신(醫臣) 임원준에 명하여 주해를 붙이게 하였다.

이들의 분류는 의사와 환자 사이의 관계와 환자에 대한 치료 형태에 따른 세조의 분류일 따름이지만 요즘에도 음미해 볼 만한 얘기가 아닐 수 없다.

위에서 보았듯이 세조는 의사들을 아껴주었던 임금으로 잘 알려져 있다. 그러나 전제 군주 밑에서 의원 생활을 하는 것 자체가 칼날을 밟고 있는 위태로움이 따랐을 것이다.

조선 태조 때의 오경우(吳慶祐), 장익(張翼), 양홍적(楊弘迪)은 당대에 내로라하는 의원이었는데도 침 한 번 잘못 놓아 귀양을 가는 신세가 되었다. 이뿐일까. 태종 때의 장지(張沚), 정종하(鄭從夏) 등도 모두 이러한 경우를 당했다. 특히 태종 때의 정종하는 임금의 신임이 두터웠으나 임금이 정적들과 자기 생각에 반대하는 사람들에 대한 탄압이 가혹했기에 이에 간언을 하다가 목숨을 잃었다.

이는 소의가 대의 노릇을 하려다가 빚은 비극적인 예지만 그의 현실에 대한 비판적 안목과 정의감은 대단하였다.

의사들을 아꼈던 세조도 내의였던 평순(平順), 송흠(宋欽) 등에게 벌을 주었고 문종 때의 김길호(金吉浩) 또한 임금에게 벌을 받았다.

중국의 전국시대의 오기(吳起)는 천하의 대전략가였는데 의료를 전략적으로 이용한 정치인의 한 사람이었다. 그가 싸움터에서 부하의 종기를 입으로 빨아 낫게 해준 고사는 잘 알려져 있다.

의사들을 지독히 미워했던 통치자는 스탈린이었다. 동맥경화증에 걸려 있던 그는 의사들을 불신하여 탄압하였다.

그는 의학조차 지배하려 했던 전제군주(專制君主)였다. 심지어 의학자들의 연구 방법과 발표 수단까지 통제를 하였다. 그의 의사들에 대한 피해망상과 공포감은 1953년에 있었던 아홉 명의 저명한 소련 의사들에 대한 검거와 기소에서 그 절정을 이루었다. 그들에 대한 혐의는 해로운 치료를 하여 스탈린의 생명을 서서히 단축시키려 했다는 혐의였다.

스탈린의 테러에 희생된 세계적인 생리학자 미세스 리나스 탄은 외국 논문을 인용하였다는 혐의로 강제수용소에 5년 동안 갇혀 있었다. 의사 공포증 환자였던 스탈린, 그도 역시 환자의 운명은 벗어날 수 없었다. 뇌졸중(腦卒中)으로 쓰러진 그를 치료한 건 주치의인 미야스니코프와 신경과의사 코노발로프였다.

그들의 노력에도 불구하고 1953년 3월, 더 이상 의사들을 미워할 수 없는 세상으로 가고 말았다. 미워했던 그 사람들의 보살핌 속에서.

케네디와 아디손씨병

베일에 가려 있는 역사적 사실을 민중이 똑바로 인식하는 데는 극히 어려운 점이 많다.

더군다나 시대적 총아로서 얼마만큼 인위적으로 미화되고 선전되어진 사실의 뒷면을 파악하는 것은 참으로 곤혹스럽다.

존 피츠제럴드 케네디야말로 그런 사람 중의 하나였다. 세계 최대 강국인 미국 대통령은 세계인에게 무엇인가 어필해야 했고 그 언행은 새로운 시대의 기수가 되어야 했다.

그래서 거의 완벽한 케네디 신화가 탄생한 것이다. 전통적으로 유럽에 대한 지적 열등의식을 지닌 미국인들에게는 동부지방의 명문 하버드 출신에다가 재력과 권력의 그늘에서 자라온 그야말로 신세대를 여는 데는 안성맞춤이었다.

막강하고 유능한 미국의 매스컴은 발랄하고 뉴프런티어 정신으로 무장한 지적인 대통령의 이미지를 끊임없이 전세계에 뿌리고 있었다. 학생시절 미식축구 선수였던 그의 체격은 늠름하였고 그의 미소에는 자신감이 넘치고 있었다.

그러나 드러난 그 모습이 모두 진실이었을까. 민중이 알아야 하는 또 하나의 진실은 어디에 있었을까.

케네디가 워렌 대법원장 앞에서 취임 선서를 하는 순간 그는 영광과 자신의 앞날에 대한 환희로 가득차 있었다. 그러나 그 순간에도 등줄기를 타고 내리는 통증에 대해서는 그 자신과 극소수의 사람만이 알고 있었을 뿐이다. 대학에서 미식축구 선수 시절 경기를 하다 넘어져 추간판(椎間板)골절을 당한 사건은 그야말로 그의 일생을 고통으로 지새우게 만들었다.

밝은 미소와 패기에 찬 제스처를 하는 그 순간에도 그의 승용차 안쪽에는 목발이 비치되어 있었다. 달의 정복을 강변하던 연설 직후에도 참을 수 없는 고통 때문에 뜨거운 욕조에 몸을 담그고 통증을 이겨내고 있었다.

이는 그의 측근이었던 케니 오돈넬의 증언이다.

정치와 권력이 그러한 육체적 시련과 고통을 감수할 만큼 진정한 가치가 있는 것인지의 여부는 민중들이 알 바는 아니지만, 하여튼 1954년 10월 뉴욕 맨해튼의 한 병원에서 척추수술을 받았으나 포도상구균의 감염과 합병증 때문에 재수술을 받게 되었다. 그는 이미 1948년 피터 벤트 브링검병원의 조지 위드머 박사에게 부신 기능에 대해 진찰을 받은 적이 있었다.

결과는 아디손씨병. 콩팥 위에 붙어 있는 작은 호르몬샘인 부신의 인체에 대한 생리적 기능은 이미 잘 알려진 사실이었다.

아드레날린(Adrenaline)이나 하이드로코르티손(Hydro-cortisone), 알도스테론(Aldosterone)과 같은 호르몬을 분비하는 부신의 중요한 기능은 케네디도 이미 들어 알고 있었다. 아디손씨병은 부신 수질의 조직이 점진적으로 파괴되어 발병하는데, 병증이 나타나기 전에 이 조직의 90% 이상이 파괴된다는 병리학자들의 이야기다.

이 병을 일으키는 주요 원인은 결핵균으로 알려졌다. 이 병으로 죽은 사람의 부검 결과 70~90%의 환자에게서 결핵균이 발견되었다는 보고가 있다.

아디손씨병을 앓게 된 젊은 대통령은 아무도 모르게 병과의 고독한 투쟁을 시작한 것이다. 코르티손요법으로 치료를 받으며 아디손씨병 증상의 하나인 무력감 때문에 그는 지쳐 있는 심신을 달래기 위해 주치의와 상의도 없이 가끔 뉴욕 의사 맥스 제이콥슨에게 비밀리에 각성제 암페타민 주사를 맞고 있었다.

권력이란 무엇인가? 권력자의 속성은 처음에는 남을 지배하는 데서 출발하나 나중에는 자기 자신까지도 지배하려 든다. 때문에 권력자는 자신의 건강까지도 자신이 제어할 수 있다는 환상에 빠지기 쉽다.

젊은 케네디 대통령도 예외는 아니었을 것이다. 어려서부터 권력과 부의 주변에서 이를 체험하고 자라온 그에게 권력의 마력에 대한 유혹은 결코 남에게 뒤지지 않았다.

케네디도 권력자가 갖는 이러한 보편적인 생각을 가졌을 거라는 근거는 그의 병력에서 잘 나타난다. 그의 뛰어난 지성이 이를 감추고 있었으나 그가 주치의의 말에 언제나 고분고분하지만은 않았다는 사실은 이미 널리 알려져 있다.

아디손씨병의 주요 증상은 우선 무력증이다. 환자가 느끼는 무력감은 특히 스트레스가 쌓일 때에는 더욱 심해지기 때문에 이 환자의 대부분이 의사에게 이 증상을 빨리 없애달라고 하소연을 한다.

미국의 대통령직은 세계에서 가장 고된 직책의 하나로 정평이 나 있다. 케네디같이 장기간 코르티손요법을 받는 사람들에게 더욱 문제가 되는 것은 병 자체보다는 투여하는 약물로 인한 여러 가지 부작용이다.

지금도 일부 의사들이 '원자탄'이라고 부르는 부신피질호르몬은 1937년 켄달과 그롤만 그리고 라히슈타인 등에 의해서 추출되었다. 코르티손과 하이드로코르티손의 합성에 성공한 것은 1940년대와 50년대 사이이다.

처음에는 경이로운 이 약을 만병통치약으로까지 여기던 의사들에게도 약의 부작용이 점차 알려지게 되자 남용이 큰 문제로 클로즈업되었다. 위궤양, 부종 또는 고혈압과 심장비대와 같은 부작용은 잘 알려져 있으나 아직도 일반 사람들 중에는 이 약의 남용으로 인하여 고생하는 이가 많은 걸 보게 된다.

케네디는 아디손씨병으로 대통령 직무를 계속할 수 있을지도 관건이었으나 사실은 코르티손의 장기복용으로 인한 부작용이 더욱더 큰 문제였다는 의학자들의 얘기다. 그들의 지적에 의하면 코르티손의 장기복용으로 인해 대통령의 성격에 어떤 변화가 초래되었다면 이러한 변화가 국가정책 결정에 어떠한 영향을 미쳤는지 살펴보는 의학적 연구가 필요하다는 것이다. 코르티손 자체가 복용자에 따라서는 일종의 환각제로 작용한다고 주장하는 의사들도 있어서 때로는 돈 있는 사람들의 아편이라고까지 일컬어지고 있었다.

1855년 영국의 유명한 병리학자인 브라이트 대학의 아디손에 의하여 〈상신피막(上腎皮膜)의 질환에 관한 전신적·국소적 영향에 대하여〉라는 논문이 발표되었으나 당시에는 무심히 보아넘겼던 이 병이 트로셔란 학자에 의해서 비로소 '아디손씨병'이라는 이름을 갖게 되었다.

아디손씨병 그 자체는 코르티손요법을 올바르게 실시하면 경과는 매우 양호한 것으로 알려져 있다. 그러나 대통령직에 앉아 있는 사람이라고 해서 결코 환자심리를 갖지 말라는 법은 없다.

카리브해상에서 소련의 후르시초프와 대결하였던 케네디의 결단은 그의 정신적인 투쟁의 결과인 동시에 또한 코르티손이란 약물의 사용을 통한 치료의 뒷받침이 없었다면 결코 이루어질 수 없었던 사실임을 간과해서는 안 될 것이다.

드골의 영광을 계승한 프랑스의 퐁피두 대통령이 코르티손의 장기사용으로 전신부종이 생겼지만 대통령직을 수행하다가 돌연 사망했던 사실은 무엇을 의미하는가? 퐁피두의 병은 와르덴쉬트롬씨병이었는데 대외적인 발표는 항상 '중한 감기'였다.

역사의 뒤안길, 그것은 모르는 자가 오히려 맘이 편할는지도 모른다.

닉슨과 노이로제

미국 대통령 리처드 닉슨.

　워터게이트 사건은 이 야망에 사로잡힌 사람을 한순간에 파멸로 몰아넣었다. 그의 광기 어린 듯한 행동은 즉각 보도되었고 조소는 큰 물결을 일으켰고 동정은 대낮의 풀벌레소리만도 못하였다.

　그러나 닉슨의 동작을 면밀히 관찰해 온 일단의 사람들이 있었다. 권력에 대한 대단한 집착력, 내성적인 성격, 결코 자기의 감정을 드러내지 않는 냉정함 등으로 인해 그를 강박신경증 환자로 여기고 있었던 의사들이 그들이다. 예를 들면 그의 호전적인 대외정책에 반감을 가졌던 의사와 정신분석학자들도 있었으나 그의 오랜 주치의였던 존 C. 렁글렌 박사 같은 호의적인 인물들도 있었다. 닉슨의 노이로제를 그의 정치 행로와 연결지어 연구했던 B. 머즈리 주나 프랑스의 레오 소바주 슈레르 교수나 피에르 아코스와 피에르 렌쉬니크가 그들의 저서에서 그의 장점이자 단점이 되었던 내성적이고 비사교적인 성격을 강박신경증 중증환자로 몰고 간 것은 지나친 일이었다.

결핵은 닉슨의 다섯 남매 모두에게 감염되어 이들을 괴롭혔고 결국 그의 형은 결핵으로 죽었다. 질병과 가난은 야심만만하고 머리 좋은 그에게 지긋지긋한 존재였다.

사회의 냉정함과 없는 자의 비참함을 잘 체득한 그가 수단 방법을 가리지 않고 권력에 집착할 수밖에 없었던 이유는 얼마든지 있다. 워터게이트 사건은 닉슨 개인의 스캔들만이 아니라 미국 사회의 치부에 대한 국민들의 자기혐오로 이해되지 않으면 안 된다. 미국인은 닉슨을 통해서 그들의 더러운 사회적 모순을 배설한 것이다. 언론이 끈질긴 공격 앞에 노이로제에 걸린 대통령은 결국 강박신경증 환자가 되고 말았다. 이들 환자가 지니는 증상, 즉 남을 의심하고 시기하며 자신의 내부 갈등 때문에 어쩔 줄 몰라하는 태도가 닉슨에게 있었던 것은 사실이다.

또한 로마제국의 네로 황제나 시저를 살해한 부르터스, 심지어 히틀러까지도 이 병으로 고생하였고 역사에 기록된 그들의 행동은 대사건으로 남아 있다.

노이로제를 일종의 병으로 분류한 사람은 18세기 영국의 위대한 의사이자 화학자였던 윌리엄 컬렌이다.

한 나라에 있어서 대통령의 역할은 권력의 크기로 보아 수많은 사람의 행불행과 운명을 좌우하는 막중한 것이다.

때문에 아무리 그것이 병든 국가나 사회일망정 지도자에게 정상을 요구하는 것은 너무나도 당연한 국민의 권리다. 대통령이 되려는 사람들의 과거에 못지않게 정신이나 신체상의 질병에 대하여 국민의 알 권리는 중대하고도 너무나 당연하다. 우리 나라의 새로운 공화국 헌법에도 당연히 이 조항이 삽입되어야 한다고 주장한다.

"대통령이 되려는 자는 당연히 그의 정신·신체상의 질환을 공표해야 한다. 그리고 대통령은 매년 그가 대통령직을 수행할 수 있는 정신·신체상의 조건에 있음을 국민에게 인정받아야 한다."

브레즈네프의 비밀

사망설이 나돌고 있는 소련 최고회의 의장 레오니드 브레즈네프. 턱에 암이 생겨 모스크바 근처의 한 병원에 입원, 의식을 잃고 누워 있다고 서독의 일간지 〈빌트 차이퉁〉이 10월 20일 보도하였다고, AFP 통신이 숨 가쁘게 세계를 향해 인용 보도하였다.

그러나 그 다음날 파리 주재 소련 대사는 이를 부인하였다. 그러나 그 뒷날 모스크바발로 AFP는 브레즈네프의 신병설을 재차 터뜨리고 있었다.

UPI나 AP 그리고 로이터 같은 통신사가 비교적 침묵을 지키고 있는데 유난히 AFP만이 설치는 이유는 무엇이었을까?

그러나 AFP의 '토끼몰이 작전'은 불과 나흘이 가지 않아 망신을 당하고 말았다.

브레즈네프가 예멘 사회당 사무총장 이스마일의 영접차 공항에 나와 환영 연설까지 함으로써 세계적 통신사의 체통은 말이 아니었다.

그러나 대통신사의 세계적 망신은 두고라도 막강한 정치 지도자의 신병과 유고는 역사의 향방을 가르는 것임에는 틀림없는 사실이다.

브레즈네프에게는 동맥경화 증상이 있었다. 뚱뚱한 그에게는 어김없이 당뇨병 증상이 서서히 나타나고 있었다. 따라서 탄력성을 잃어가고 있는 그의 혈관 때문에 고혈압이 그를 괴롭히기 시작한 것이다.

그러나 정력을 과신하고 있는 사람에게는 매일 자기의 건강을 점검하며 휴식과 주의를 권고하는 의사들이야말로 때로는 귀찮기 짝이 없는 존재들이 아닐 수 없다.

병마도 권력을 피해갈 거라는 확신 같은 것을 권력자의 대부분은 다소나마 지니고 있다.

우크라이나의 농부에서 출발, 제련공 기사로 점철된 그의 과거로 보아 권력은 그의 생명과 같은 것임에는 틀림없다.

그는 1968년 8월 3일, 체코슬로바키아의 두브체크와 회담중 쓰러지고 말았다. 심장 주위로 조여드는 듯한 가슴의 통증을 느끼고 온몸에 식은땀을 줄줄 흘리며 현기증으로 비틀거리다가 쓰러지고 만 것이다.

그의 야망에 찬 심장에 영양과 산소를 공급해 주는 관상동맥(冠狀動脈) 일부가 막혀 심근(心筋)에 괴사현상이 점차로 나타나고 있기 때문이다. 심근경색증의 발병이었다.

세계의 운명을 좌우할 수 있는 이 권력자도 일단 환자가 되자 어쩔 수 없이 의사의 치료에 운명을 맡기고 말았다. 이리하여 보름 동안의 치료로 가벼운 집무도 가능할 정도로 빠른 회복을 하였다.

1975년 5월, 턱의 상처를 치료하기 위하여 수술을 받는다는 공식 발표가 있자 소문은 삽시간에 브레즈네프가 턱암에 걸렸다고 꼬리를 물었다.

소문이란 침소봉대(針小棒大)하여야 제 맛이 나는 법. 그리하여 턱암 발생의 소문 제1라운드가 4년 전에 이미 똬리를 틀고 있었다.

그러나 공식 발표대로 단지 턱수술이었을까? 상상력과 의학이론을 총동원한 의료계의 추측은 다음과 같다. 추측이란 때로는 사건의 가장 핵심을 찌르는 경우도 있으므로 전혀 황당무계한 얘기만은 아니다.

브레즈네프의 병약해진 심장에 흉부외과 의사들이 심장 스티뮤레터를 집어넣어 초소형의 배터리에서 나오는 전류가 심장에 고정된 두 개의 전주에 전달됨으로써 심장의 수축과 이완에 도움이 되도록 만든다는 이론이다.

결국 이러한 현상이 사실이라고 한다면 브레즈네프야말로 〈피터팬〉에 나오는 시계 삼킨 악어처럼 그의 심장은 소형 배터리의 도움으로 뛰고 있을 것이다.

발달한 전자공학과 의학의 결합은 역사의 돗자리를 엮는 하나의 왕골이 아니고 그 무엇이리.

처칠과 폐렴

제2차세계대전에서 막강한 독일 군국주의의 침략으로부터 서구와 조국 영국을 수호하였던 윈스턴 처칠.

그가 폐렴에 걸린 것은 엘알라메인 전투에서 '사막의 여우'라고 불리던 롬멜의 전차군단과의 치열한 전투전 끝에 몽고메리의 영8군이 승리를 거둔 직후였다. 승리의 여신은 서서히 연합군에게 미소를 보이고 있었다.

처칠이 튀니지 등 북아프리카 지역을 방문한 것은 작전상의 협의와 승리의 모습을 실제로 목격하고 싶었기 때문이었다. 그러나 나이 든 그에게는 열대지방에서의 강행군과 겨울철 영국까지의 왕복여행은 무리였다. 그는 심한 피로와 감기로 드러눕게 되었는데 주치의였던 모란경은 계속 떨어지지 않는 고열과 그의 용태를 진찰하고 폐렴으로 진단했다. 다음날 거의 병원의 닥터 마셜을 불러 X선 촬영을 하였는데 결과는 폐에 염증이 상당히 진행되고 있음이 확증되었다.

전쟁에서 승리의 기틀을 잡았다고 하나 전국(戰局)의 전반적인 흐름이 꼭 연합군에게 유리하지만은 않은 중요한 시기에 지도자가 덜컥 드러눕게 되자 연합국측은 매우 당황하였다.

그러나 처칠 자신은 데포의 작품 〈몰 폴랜더스〉를 읽으면서 주위 사람들에게 유머를 곧잘 던지곤 하였다. 노수상의 목숨을 구한 것은 당시에 임상이 갓 사용되기 시작한 페니실린이었다.

이 약은 1929년에 플레밍에 의해서 푸른곰팡이의 일종인 '페니실륨노나툼'에서 이미 분리에 성공하였던 것이다.

한 과학자의 업적은 불세출의 전쟁 영웅 처칠의 목숨을 구하게 되었다. 그리하여 '전쟁에는 결단, 패배에는 투혼, 승리에는 관용, 평화에는 선의'라고 하는 그의 전쟁 철학이 태어난 것이다.

"나는 생각한다. 고로 존재한다"고 설파했던 프랑스의 위대한 철학자, 수학자였고, 해부학자였던 데카르트 역시 스웨덴에서 폐렴으로 53세에 타계하였다.

이 위대한 철학자의 자기 치료 방법은 병에 걸려도 어떠한 처치도 하지 않는다는 것이었다.

그러나 여왕의 명령으로 의사 반울렌의 치료를 받게 되었다. 당시에는 이 병의 치료 방법으로 사혈이라고 하여 피를 뽑는 것이었는데, 데카르트는 프랑스인의 신성한 피를 주장하며 완강하게 거절했으나 나중에는 승낙했다.

폐렴은 일찍이 히포크라테스 시대부터 알려진 병이었으나 그저 증상(症狀)만 전해 내려오고 있다가 원인은 19세기 말에 규명되었다. 1881년 파스퇴르와 스턴버그에 의해서 사람의 침에서 원인균을 검출한 것이다.

동양에서는 예로부터 열수라고 알려졌으며 서상폐(暑傷肺), 맥수번갈(脈數煩喝), 토미, 객혈 등의 증상을 나타낸다고 하며 조중탕으로 치료를 하였다.

박테리아, 바이러스 등의 수많은 원인균에 의해서 오는 이 병은 아이들에게도 문제가 되지만 연로한 사람에게 특히 위험하여 '노인의 벗'이라는 영국 속담이 있을 정도다. 이 말은 노인들을 조용히 천국으로 데려간다는 말인데 내과의사들은 이구동성으로 겨울철에는 특히 노인성 폐렴을 조심해야 한다고 경고한다.

수당(隋唐)의 영향을 받은 신라시대의 여러 《의경(醫經)》에도 계절과 질병과의 관련을 강조한 부분이 많은데 〈소문음양응상대론(素問陰陽應象大論)〉 제5에 "추(秋)에 풍(風)에 상(傷)하면 동(冬)에 해수(咳嗽)가 생(生)한다"라고 하였고 〈생기통천론(生氣通天論)〉 제3에도 "추(秋)에 온(溫)에 상하면 상(上)으로 역(逆)하여 수(嗽)가 된다…"는 등의 말이 있는데 계절에 따른 호흡기질환의 발생을 이야기한 것이다. 폐렴으로 운명한 데카르트의 비문에는 이렇게 새겨져 있다.

"가라, 나그네여! 신과 영혼불멸의 가장 위대하고 명석한 옹호자는 이미 천국에서 정복(淨福)에 젖어 있음을 믿게 하라. 그리고 그를 위해 기도하라."

삶의 오묘함은 그 첫째가 '주검이란 언제나 피안의 것'이라는 사람들의 그 대담한 생각이 아닐까!

간디와 맹장염

외과의 망신을 잘 시킨다는 충양돌기염(蟲樣突起炎). 충수가 맹장에 붙어 있어서 맹장에 염증이 생긴 걸로 잘못 생각하여 맹장염이라는 이름이 붙게 된 것이다. 복부수술 중에서 가장 흔한 병이면서도 때로는 오진하는 경우도 잦아 의사들을 당황하게 만든다. 그만큼 단순한 것 같으면서도 진단하는 데 까다로운 병이라고 할 수 있다.

인도의 독립을 위해 투쟁을 했던 마하트마 간디. 단순한 독립운동가가 아니라 영국의 식민주의에 따라 들어온 서구의 물질주의는 민족의 장래는 물론이고 개인의 행복에 그다지 도움이 되지 않는다고 설파하였다. 때문에 그를 가리켜 인도의 성자, 또는 동양의 성인이라고 부른다.

그는 "서구문명 또는 구라파문명이라는 것이 따로 있는 것이 아니라 순전히 물질적인 근대식 문명이 있을 뿐이다. 물질적인 편익은 그것이 아무리 집적되어도 도덕적 성장에 이바지는 못한다"라고 인도 국민에게 외쳤다.

위대한 간디가 맹장염에 걸린 것은 54세 되던 12월이었다. 갑자기 극심한 복통을 일으키고 구토 증상과 열이 있었으나 당시에 투옥되어 있던 그에게 아무도 관심을 두지 않았다. 뭄바이주에 있는 에라바다 감방에서 고통에 신음하는 간디만 뒹굴고 있었다. 보다 못한 당국에서는 민간인 외과의사 마도크를 초빙했다. 결과는 급성맹장염이었고 터지기 직전의 위험한 상태였다.

상부의 허가를 얻고 어쩌고 할 시간적 여유가 도저히 없는 촌각을 다투는 때였다. 당시 인도에서는 맹장염에 걸려 천공만 되면 대부분 복막염으로 사망하던 시절이었다. 닥터 마도크는 자기의 책임 아래 독단으로 그를 차에 태워 푸나우시로 옮겨 곧장 수술을 시작했다.

조수는 의과 대학생 몇 명이었고 간디를 존경하는 그들은 마도크를 조력하는 데 성심성의를 다했다. 결과는 터지기 직전의 아슬아슬한 상태로 의사의 결단이 없었더라면 간디의 생애는 물론이고 인도의 앞날도 또 다르게 전개되었을 순간이었다.

식민지 당국에서는 간디가 사망했을 경우 인도 국민들에게 일어날 대소란과 폭동을 예견하고 책임을 덜기 위해 수술장에 간디의 정적인 사스트리를 입회시키고 있었다. 마도크와 학생들이 수술을 하기 위해 마취를 시작하자마자 수술실의 전등이 갑자기 꺼지고 만 숨 가쁜 사고가 발생했다. 그러나 곧 석유램프와 백열등을 준비하여 수술을 강행하여 드디어 성공했던 것이다.

맹장이 터지면 죽기 쉽다는 생각은 우리나라 사람들에게는 철저해서 여기에 얽힌 얘기도 수없이 많다. 말하기 좋아하는 사람들은 심지어 미국 사람들은 어려서부터 맹장을 싹둑 잘라 버린다고 거짓말을 참말처럼 지껄여대기도 했다.

우리 인체에서 아무 쓸모가 없다는 맹장이 이렇게 푸대접을 받는 것이 정당할까? 최근에 알려진 바에 의하면 맹장에서도 신체의 면역작용에 관여하고 있다는 의견들이 나오고 있다. 또한 통계에 의하면 맹장을 절제한 사람들이 암종(癌腫)에 걸릴 확률이 더 높다는 설도 있으나 이건 어디까지나 설일 따름이니 암에 안 걸리겠다고 맹장이 터지도록 배를 움켜잡고 참는 어리석은 사람은 없을 것이다.

어린아이들에게 있어서는 이 병의 진단이 대단히 어렵기 때문에 외과의사들이 수술을 하는 경우에 1세 이하에서는 거의 대부분이 천공되어 버린 후였다는 얘기다.

1886년 휘츠가 맹장 제거만이 이 병의 유일한 치료방법이라고 주장한 이래 수많은 사람의 생명이 외과의사들의 손에 의해 구해졌다. 과감한 수술만이 병의 뿌리를 다스린다는 진리가 어찌 신체일 뿐이리.

루스벨트와 소아마비

얼마 전에 '키비탄' 운동에 관여하는 인사 몇 분을 만났다. 정신박약아와 지체부자유아를 돕는 국제 클럽인 이 모임의 한국 책임자인 M박사는 이 운동의 필요성을 역설하였는데 매우 호소력이 있었다.

서울 어느 변두리를 방문하였을 때 정박아가 된 자기 아이를 염소우리에 가두어놓고 기르는 것을 보고 충격을 받았다고 한다. 인간이 아니라 인간 동물을 사육하는 광경이었다고 탄식했다.

정신박약아나 지체부자유아를 가진 부모의 슬픔은 그 누구도 상상하기 어렵다고 한다. 아이의 절망적인 삶의 태도는 말할 것도 없고 어떻게 생각하면 모두가 부모의 잘못인 것 같아 차라리 내가 대신 병신이 되었으면 하는 생각이 하루에도 여러 차례라고 한다. 집안에서 기르는 개에게 밥을 줄 때마다 허겁지겁 쫓아 나와 개밥을 빼앗아 먹는 아이를 볼 때마다 자살이라도 하고 싶은 생각이 몇 번씩이나 든다는 어머니의 눈물 어린 호소였다.

수천 마디의 위로의 말도 쓸 데가 없는 법. 의사로서도 근본적으로 아이를 도와 줄 길이 없는 우리의 상황이 그저 안타까울 뿐이다. 그중에서도 지체부자유아는 전국에 수십만을 헤아린다고 한다. 근래에는 소아마비 예방약이 나와 제때에 접종만 하면 이 병에 걸리는 확률은 훨씬 감소하나 접종 시기를 놓친다든지 불규칙하게 접종하든지 하여 불구가 되는 아이들이 있다. 이 병은 일단 걸리게 되면 사지마비를 최소한도로 방지하도록 하는 정형외과적인 치료 또는 물리요법에 의존할 수밖에 없다. 아이들에게 주로 침범하나 드물게는 어른에게서 발병하는 수가 있다. 나이가 많을수록 마비와 같은 증상은 훨씬 심하게 일어난다.

소아마비에 걸린 아이들을 위한 치료시설이나 재활기관 등이 거의 팽개쳐진 상태가 우리 현실이다.

미국의 유일한 4선 대통령인 프랭클린 루스벨트. 뉴딜정책으로 악몽의 제1차세계대전의 대공황을 극복하였고 카이로선언 등으로 우리나라의 운명에 관여했던 인물인 그가 소아마비에 걸린 것은 부통령에 입후보했다가 낙선된 다음해인 1921년이었다. 며칠간 열이 몹시 나며 고통을 받았는데 뜻밖에 다리를 못 쓰게 된다. 소아마비라니. 한창 소장 정객으로서 야망에 불타던 그와 가족에게는 청천벽력이었다. 이때의 심정은 비통과 절망의 늪에서 도저히 헤어날 길이 없을 것 같았다고 훗날 부인 엘리노어 루스벨트는 회고하고 있다. 비통의 순간은 지나고 그들에게는 냉혹한 현실만이 도사리고 있을 뿐. 그들 부부는 절망에 도전했다. 뉴욕 병원으로 옮겨 물리치료를 받았다. 환자 자신의 피나는 노력은 물론이고 이때의 헌신적인 엘리노어 여사의 간호는 많은 사람들을 감동시켰다고 한다.

나무처럼 뻣뻣해진 남편의 두 다리. 점점 퇴화되어 말라가는 다리를 보고 몇 번이나 절망에 몸부림쳤다. 부부애란 무엇인가? 작곡자 슈만과 그의 부인 클라라의 애정은 유명하다. 엘리노어는 자기만의 남편으로서가 아니라 인류를 위해서 공헌할 수 있는 거목으로서의 남편을 더 존경했다고 털어놓고 있었다.

이 병은 바이러스에 의한 급성 전염병으로 소화기관에서 증식된 균이 대변으로 섞여 나가 사람에게 감염된다. 바이러스균은 I형, II형, III형이 있으나 가장 마비를 잘 일으키는 순위는 III형, I형, II형이다. 미국에서도 매년 4만 명의 소아마비 환자가 발생했으나 예방약이 나온 후에는 1백 명 정도로 감소했다는 보고가 있다. 이미 이 병에 걸린 아이들에 대한 재활시설이나 교육시설에 대한 좀더 진지한 논의가 이루어져야 한다. 그것도 감상적인 인도주의 같은 동정이 아니라 지체부자유아도 떳떳한 한 인간이라는 대명제 아래서 말이다.

드골과 마르팡씨병

'프랑스의 영광', '프랑스 만세'라는 말 자체가 곧 드골 대통령이었다. 근엄한 표정과 정중하고도 당당한 걸음걸이, 커다란 키의 드골이야말로 20세기 마지막 고전적 영웅을 생각하게 하는 바로 그 사람이다.

위대한 프랑스 아닌 프랑스를 도저히 생각하지 않았던 그도 제2차세계대전 중 연합군 수뇌들에게 무던히도 괄시를 받았던 모양이다.

특히 루스벨트 미국 대통령은 드골을 거의 상대조차 하지 않으려 했다. 이때 받은 모욕감 때문에 드골은 뒷날 외교적으로 미국과 얽혀들면 사사건건 까다롭게 굴었다.

미국이라고 하면 자다가도 벌떡 일어나 화를 냈던 이 인물에게 재미있는 얘기가 있다.

프랑스의 비뇨기과 의사인 '피에르 아브르겔'이 후일 미국의 신문기자에게 털어놓은 얘기에 의하면 드골은 전립선 선종(腺腫)을 앓았다고 한다. 50세 이후에 주로 앓게 되는 이 병의 원인은 아직 알려져 있지 않다. 드골의 병은 보통의 치료방법으로는 여의치 않아 결국 수술을 받게 되었다. 수술 후에 오줌이 저절로 나오도록 가는 관을 요도에 집어넣었는데 이것이 말썽이 되었다.

드골의 일성(一聲)
"내 몸 속에 들어 있는 이 물건은 도대체 어느 나라 것인고?"
의사가 대답했다.
"대통령이시여, 이게 미제올시다만 그게 무슨 소용입니까요?"
환자가 된 권력자를 무서워하는 의사는 이제는 없을 것이다. 미제란 말에 얼굴이 달아올라 씨근벌떡하는 대통령을 향하여 타이른다.
"비록 미제 오줌관이지만 그 속으로 나오는 것은 위대한 프랑스의 오줌이올시다."
그때야 비로소 이 위대한 늙은 프랑스인의 얼굴에 화색이 돌아오기 시작했다.
"그건 그려, 선생 말이 맞소이다."
드골을 마르팡씨병 환자라고 믿는 의사들도 많이 있었다. 역사적인 인물 중에서 에이브러햄 링컨 미국 대통령이 이 병에 걸렸었다고 여태껏 의심을 받고 있다.
껑충하게 긴 다리며 우뚝한 콧날, 또한 혈관에 동맥류가 생겼던 병력 등이 이러한 추측을 불러일으켰던 것이다.
1896년 프랑스의 소아과의사 앙토냉 마르팡이 그의 책에 처음으로 얘기했던 이 병은 유전병으로 알려졌다. 상염색체우성(常艶色滯優性) 유전이라고 알려져 있는데 드골의 가계에 이러한 환자가 있었는지는 알려져 있지 않다.

드골이 이 병의 환자라는 의심을 받게 된 근거는, 첫째 지나치게 긴 그의 다리며 두 번째는 1956년 그가 66세 되던 해에 받았던 백내장(白內障) 수술이었다. 공식적인 발표는 당뇨병을 앓던 그에게 합병증이 생겼다는 것이었다. 그러나 이때의 수술이 마르팡씨병으로 인한 안구 안의 렌즈의 불완전 탈출에 대한 것이 아닐까 하는 의심을 받고 있었다.

세 번째로는 1970년 11월 9일 그의 극적인 최후였다. 대동맥에 생긴 동맥류가 갑자기 터져 사망을 하였는데 마르팡 환자의 많은 예에서 심장내막염을 일으키거나 특히 대동맥의 벽이 늘어남으로써 일종의 몽우리를 만든다.

당뇨병, 전립선비대 마르팡씨병과 같은 병에 시달리면서도 영웅처럼 행동할 수 있었던 위대성은 그 정신력에 있었다.

따지고 보면 영웅들의 '위대'도 별것인가. 최대의 위선도 위대는 위대라고들 하니까 말이다.

히틀러와 정류고환(停留睾丸)

역사상 히틀러만큼 권력의 쟁취와 유지를 위해 사상적인 뒷받침과 미친 듯한 대중선동으로 성공을 거둔 예는 그리 많지 않을 것이다.

이 무자비한 독재자는 병을 두 가지로 나눌 수 있다고 생각했다. 결핵과 같은 만성병과 페스트와 같은 급성병. 페스트야말로 죽음의 사나운 파도로 사람들을 공포에 떨게 하여 적극적으로 이에 대항하게 만들고, 결핵은 서서히 진행되기 때문에 이 병에는 대범해진다고 한다.

때문에 인간은 페스트를 지배했지만 결핵에는 지배당하고 말았다고 그는 역설을 펼쳤다. 이런 경우에는 충격요법이 환자에게 투병 의지를 불러일으키기 때문에 효과적이라고 말했지만 사람을 기계적인 공식에 대입하려는 수작에 불과했다.

제2차세계대전 후의 아돌프 히틀러에 대한 모든 저술과 증언은 대부분 그를 광인, 악인 또는 바보 그리고 환자로 취급하고 있었다.

이 무자비한 독재자는 어떤 의미에서는 분명히 천재였다. 대중은 그의 연설 한마디, 그의 손짓 하나에 웃고 울었다.

폴란드에 침공 명령을 내릴 당시에 히틀러는 이미 고혈압으로 고생하기 시작했다. 독재자의 번들거리는 눈동자는 혈압이 올라서 그렇다는 사실을 대중은 모르고 있었다. 그들은 그의 눈동자를 정열의 표상으로 생각했다.

두 손의 떨림과 뻣뻣해진 목, 그의 절도 있는 듯한 손짓, 발걸음 하나하나가 모두 규칙적이고 정결한 그의 생활 태도 때문이라고 여겼지만 사실은 환자였던 히틀러의 병적인 증상에 지나지 않았던 것이다.

소년 시절 그가 결핵을 앓았던 이유로 미술 학교에 입학했다는 것은 알려진 사실이나 히틀러 어머니의 주치의였던 유태인 에두아르드 브로포는 1938년 11월 7일 다음과 같이 증언했다.

"나는 40여 년 가까운 의사생활 중에서 젊은 히틀러처럼 고통으로 괴로움에 시달리는 사람을 본 일이 없다."

의사들의 눈에는 스스로 민족중흥의 영웅이라고 뻐기는 사나이도 자신의 조그마한 고통에는 쩔쩔매는 한 어리석고 가련한 환자에 불과했던 것이다.

히틀러가 고환이 하나밖에 없는 불구 아닌 불구였기 때문에 열등의식을 지니고 있었을 것이라고 생각하는 정신과의사도 있었다. 고환은 어머니 뱃속에서 출생하기 적어도 한 달 전에는 두 개의 음낭에 내려와 있어야 하는데 출생 후 장성하도록 한쪽 또는 두 쪽 모두가 뱃속에 그대로 남아 있는 경우를 정류(停留)

고환이라고 하는데 히틀러는 한쪽 고환이 내려오지 않은 상태였다. 이 경우에도 실상은 자녀를 갖는 데 아무런 지장이 없으나 정신적인 충격은 커갈수록 심해지는 것이다.

히틀러가 고혈압을 앓고 있었다는 사실은 주치의 닥터 모렐의 압수된 차트에 기록되어 있었다. 독재자의 혈압은 최고압 200, 최저압 140으로 전형적인 고혈압 증세를 나타내어 의사는 그에게 가끔 안정을 취하도록 권하였다. 1942년에는 그가 파킨슨씨병에 걸렸다는 증언이 있으나 의학적 견지에서 명백한 것은 아니다.

이 병 자체가 엄밀한 의미에서 원인이 불명인데다 얼굴 표정이 굳어 있다든지 사지가 규칙적으로 떨린다든지 걸음걸이가 느리고 뻣뻣하다든지 하는 증상만으로 파킨슨씨병 환자라고 단정하는 것은 어렵지 않느냐는 반론이 있다. 왜냐하면 고혈압 환자에 있어서도 이런 증상이 있게 마련이다.

그리고 간질병에다 간염까지 앓았던 히틀러의 죄악은 그가 환자였단 이유만으로 용서될 수는 없다. 민중이 똑똑하지 않으면 한 천재적인 광인과 어울려 더러운 역사의 한 페이지를 장식하는 공범자의 위치에 서게 된다는 사실을 결코 잊어서는 안 된다.

손문(孫文)과 아편

검은 그림자가 소리 없이 지구의 구석까지 마수를 뻗치고 있다. 서양의 식민주의 세력이 동침(東侵)을 할 때 앞장 세웠던 무기, 사람을 완전히 폐인으로 만들어버리는 무서운 아편이 다시금 세인의 주목을 끌고 있는 것이다.

여느 꽃과 다름없이 그리도 아름답기만 한 조그마한 꽃 속에서 지옥과 같은 아편굴을 상상하기는 쉬운 일이 아니다. 아편을 피우기 위하여 처자를 팔았고 살인절도를 서슴없이 하였던 지난 날 중국 대륙의 처절했던 드라마는 비극 중의 비극이었으리라.

앵속은 본래 인도가 원산지인 앵속과의 식물로서 아편을 추출하는 방법은 복잡하다. 덜 익은 열매에 상처를 내어 그 과즙을 받아 굳힌 것이 바로 아편이다. 아편의 종류는 무려 25종에 다다른다.

중국에서 아편은 치료 목적으로 아주 오래 전부터 사용되어 왔으나 청조 초기에 영국의 동인도 회사를 통해 정책적으로 수입하기 시작한 것이 문제의 발단이었다.

중독으로 인한 중국인의 자주정신의 박탈과 경제적인 수탈 속에 시커먼 식민주의가 들이닥친 것이다. 1839년 임칙서(林則徐)의 광주(廣州) 아편 창고 방화를 기점으로 1840년 유명한 아편전쟁이 청국과 영국 사이에 일어난다.

물론 월등히 강한 영국군의 승리로 끝을 맺자 아편의 물결은 거침없이 중국 대륙을 휩쓸었고 복수고(福壽膏)란 듣기 좋은 명칭으로 중국인들에게 권장되었고 요원의 불길처럼 퍼져 나간다. 조금 행세깨나 한 사람은 아편을 피우지 않으면 사람 축에도 끼지 못하였고 손님 접대의 최상의 방법은 아편대접이었다.

국민당 정부가 일시적인 통일을 가져오자 엄격히 법으로 금지시켰는데 아편을 피우는 자는 무조건 총살하였으나 한번 중독에 빠진 사람들의 치유는 손쉬운 일이 아니었다. 중국을 침략한 일본인들은 곳곳에 복수관(福壽館)을 세워 오늘날의 담배 가게처럼 자유롭게 아편을 매매하게 하였다. 영국인들에게서 배운 무자비한 식민정책 그대로였다. 근대 중국의 아버지인 손문이 홍콩 의학교를 졸업한 것은 그의 나이 26세. 그가 의사가 된 동기는 병든 민중의 참상을 보았기 때문이다. 그중에서도 아편에 중독되어 헤어날 줄 모르고 죽어가는 사람들에 대한 관심이 가장 높았다.

그가 마카오에서 개업을 하자 문전성시를 이루었다. 특히 외과수술에 능하다고 평판이 자자하였다. 이를 질투한 외국인 의사들의 모함으로 그는 마카오에서 쫓겨난다. 그 후 의사로서의 한계를 느끼게 된다. 민중의 무지가 또 하나의 무서운 아편임을 깨달았기 때문이다.

광동에서 돌아와 대총통에 취임하자 과감하게 아편금지령을 내린 것은 너무 당연한 일이었다.

미연방 마약국 발표에 의하면 미국에는 약 12만 5천 명의 중독자가 있다고 하나 1971년에는 전년도에 비해 무려 84%나 증가하였다. 이는 월남전의 결과였다. 주월 미군의 약 30%가 아편중독자였다는 상원의 보고는 너무나 충격적이었다. 이들의 귀국과 더불어 갑자기 늘어나기 시작한 아편중독자는 미국의 새로운 두통거리가 되었다. 마이애미시를 중심으로 한 마약의 밀수매매가 연간 약 60억 달러나 된다고 하니 엄청난 액수다. 아편중독은 감내 정도와 양에 따라 그 정도가 결정된다. 첫 증상은 구역질과 구토가 일어나며 감내는 신속하게 발전된다. 따라서 환자는 행복감, 성취감과 환상에 빠지며 고통으로부터의 해방감을 맛보게 된다. 중독이 좀더 진행되면 의욕상실과 인격해리가 일어나게 되고 사지의 힘은 빠지며 완전히 폐인이 되고 만다.

이들을 무서운 함정으로부터 보호하려는 사회환경과 치료와 재활을 위한 시설 등을 결코 등한시해서는 안 된다. 개인의 파멸은 물론이고 민족과 국가에 깊은 상흔을 안겨주기 때문이다.

주은래와 식도암

그를 평하여 흔히들 중공의 현대판 제갈공명이라고 한다. 능변인 것은 말할 것 없고 적과의 타협에 또한 능수인 그는 댄스광에 가까울 정도로 춤도 잘 추었다.

부하를 위하여 손수 탕수육을 만들어 먹였다는 이 인물은 그 무서운 집념과는 달리 가냘픈 체구였으나 비교적 건강한 체질을 타고났던 것 같다. 그의 부인 등영초(鄧穎超)가 폐결핵으로 오랫동안 고생했다는 것은 알려진 사실이다.

두 사람은 오랫동안 연애를 한 후 결혼을 하였는데 이 부부의 백년해로는 중공의 지도층에서는 드문 예로 알려지고 있다.

모택동이 네 차례, 유소기가 다섯 차례, 주석이 네 차례나 결혼한 사실에 비교하면 금실 좋은 사이였던 것 같다. 주은래는 중국 공산주의자들이 말하는 소위 남정(南征) 도중에 고열로 신음하다가 마침내 쓰러지고 말았다. 들것에 실려 홍콩까지 옮겨져 목숨을 구하였는데 아마 열병의 일종이었던 것 같다.

그가 국부군(國府軍)에 쫓겨 연안으로 도망칠 무렵인 1935년

1월 귀주성의 준의회의(遵議會議)에서 군사 지휘 실패 구실로 10여 년 간 장악해 온 군권을 모택동에게 빼앗기고 말았다, 그들 사이의 무서운 암투였다.

두 번째로 주은래가 중병에 걸린 것은 이 준의회의 결과로 심신이 극도로 지쳐 있을 무렵 간염에 걸린 것이었다. 영양부족과 과로, 정신적인 타격 등이 이 병에 걸리게 한 것이다. 이때 만일 주(周)가 영영 쓰러졌다고 하면 근대 중국사가 다시 쓰였을지도 모른다.

폐결핵을 앓고 있는 부인과 더불어 들것에 실려 밤낮을 가리지 않고 홍군(紅軍) 공산군과 함께 도망 다니고 있었다.

주의 파란만장한 생애에서 이 두 번의 병환을 앓던 때가 가장 그를 괴롭혔던 시절이었다고 한다. 그러나 그는 국공합작(國共合作)을 통하여 통일전선(統一戰線) 전략으로 중국 대륙을 차지하는 데 대활약을 하였다.

인내를 평생의 그의 정치철학, 생활철학으로 삼았던 이 골수 공산주의 지도자의 최후는 과연 어떠하였을까. 그가 술을 즐겨 마셨던 것은 잘 알려진 사실이다. 키신저와의 장시간 회담에서도 끄덕없던 그의 체력은 세계를 놀라게 하였다.

그러나 1972년에 접어들어 음식을 삼키기가 거북스러워졌고 가슴과 목에 통증을 느꼈다. 식욕은 뚝 떨어졌고 몸무게는 사정없이 줄어들었다. 중공 의사들에 의해 X선 검사가 실시되었는데 밥줄에 부정형의 종양이 나타나 있었고 조직 검사 결과 유자세포암(有棘細胞癌)이라고 알려졌다.

식도암은 위쪽 3분의 1 부위에 25%, 가운데 부분에 50%, 아랫부분 밥줄에 25%의 비율로 발생한다고 알려지고 있는데 주은래의 병은 상부에 생긴 것이었다.

중공의 이 실력자를 위하여 지체 없이 방사선을 쪼이는 치료가 시작되었다. 이때 사용되었던 방사선은 중공에서도 하나밖에 없었던 베타선 베이터트론이었다.

그러나 암세포는 서서히 퍼지기 시작하여 이미 간과 다른 장기에까지 침입하고 있었다.

결국 최후로 수술을 받았으나 5년 생존율 0 내지 7%밖에 되지 않는 무서운 식도암 앞에는 혁명으로 날을 지새운 오뚝이 주은래도 별수없었다.

1976년 1월 8일, 혈관이 터져 과다하게 피를 흘린 끝에 그의 생애는 끝났다(78세).

절강성(浙江省)의 양반집에서 태어나 결국 공산주의자가 되어 중공을 세계열강 대열에 세우는 데 맹활약했던 이 인물에게도 병은 역시 조금도 사정을 두지 않았다.

아이젠하워와 심장병

제2차세계대전의 영웅 드와이트 아이젠하워가 미국의 34대 대통령에 취임한 것은 1953년 1월. 그로부터 8년간에 걸쳐 그는 세계의 여러 문제를 해결하는 데 몰두했다.

그러나 8년에 걸친 그의 재임 기간에 아이젠하워가 과연 무슨 업적을 이룩하였느냐고 반문하는 정치평론가들도 많았다. 오직 골프채를 잡고 긴 세월을 허송세월했던 무능한 대통령이라는 혹평도 서슴지 않았다.

따지고 보면 평자들의 이러한 비난의 밑바닥에서는 남달리 건강을 돌보지 않으면 안 되었던 대통령 자신에게도 문제는 있었다.

관상동맥폐쇄증(冠狀動脈閉鎖症)이 대통령의 건강을 위협하고 있었다.

대통령 취임 2년 3개월이 되던 1955년 9월 23일, 아이젠하워는 점심으로 햄버그스테이크와 커피를 마신 후에 기분이 좀 언짢았다고 한다. 그날 저녁 10시께 갑자기 가슴이 답답해지며 숨이 차오르기 시작했다. 그리하여 급히 병원에 옮겨져 치료를 받기 시작한 것이다.

아이젠하워의 심장병 발작은 그 후로도 두 번에 걸쳐 일어났다. 두 번째 발작은 1956년도에 있었는데 이때는 응급수술을 하여 심장의 관상동맥을 막고 있던 혈전(血栓)을 제거해 줌으로써 다행히 생명은 구하였다.

그러나 미국 안에서는 대통령의 건강을 결부시켜 정치적인 활동 여부에 대한 논의가 많았다. 미국의 대통령이라는 자리가 얼마나 고된 자리인지는 세상 사람이 다 아는 일이나 미국 대통령의 와병은 세계인의 운명과도 밀접한 관련이 있었다. 그가 회복되었다고는 하여도 심장병 환자에게는 신체적인 안정과 정신적인 스트레스의 제거가 무엇보다도 필요하였는데 재출마는 그의 병에 대한 일대 도전이었다.

세 번째 발작은 1957년 11월에 일어났다. 그는 모로코왕을 영접하고 돌아와 가벼운 현기증과 함께 졸도하고 말았다. 이때에도 그의 주치의와 일단의 자문 의사들에 의하여 그의 생명을 건진 것이다.

그중에서도 자문의의 한 사람이었던 심장병의 세계적 권위자 화이트 박사는 시종 아이젠하워의 투병을 격려하고 치료에 심혈을 기울였다. 그는 대통령에게 과도한 음주, 담배 그리고 직책상의 무리를 피하도록 조언했다. 그 후 주말이면 잔디 위에서 골프를 즐기는 대통령의 모습이 매스컴에 자주 보도되기 시작한 것이다. 그에게는 유희가 아니라 일종의 투병 수단이었던 것이다.

제2차세계대전시에 얄타 회담의 연합국 수뇌 중에서 제일 건강이 안 좋았던 사람이 바로 미국의 루스벨트였다.

소아마비로 불구가 되었던 그가 음흉스런 스탈린에게 결과적으로 많은 양보를 한 셈이 되었는데 그 이유 중의 하나가 건강상의 이유로 지구력이 약해졌기 때문이라는 얘기가 있다. 실제로 루스벨트는 회담 후 귀국하여 얼마 후에 사망하고 말았다.

가극왕 바그너 역시 70세의 나이에 심장병으로 그의 화려한 생애를 종결했다.

또한 미국을 이해하려면 그 사람의 소설을 읽으라고 일컫는 마크 트웨인도 심장병을 오랫동안 앓다가 버뮤다 요양원에서 65세를 일기로 눈을 감는다.

그리고 프랑스의 파스퇴르와 함께 세균학의 창시자로 불리는 코흐도 아메바 적리균(赤痢菌), 이집트 안병균(眼病菌), 천연두균, 페스트 그리고 말라리아 원충 결핵균 등 사람에게 무서운 여러 원인균을 발견하고 57세를 일기로 끝내 협심병으로 위대한 생애를 마쳤다.

지도자가 된 사람, 그중에서도 정치 지도자의 자격 요건 중에는 건강이 첫째임을 실감나게 한다.

덜레스와 복부암

인물사 연구에 있어서 신병이 당사자의 운명은 물론 역사의 방향까지 뒤바꾸는 것을 자주 발견하게 된다.

때문에 그 인물에 따른 사건의 전개과정에 있어서 퍼스낼리티와 신병과 사건 발생의 인과는 매우 중요한 연관성을 맺고 있다. 그러나 아직도 이 분야의 연구는 개척의 여지가 많은 실정이다.

존 포스터 덜레스라고 하면 아이젠하워 대통령 밑에서 국무장관을 지냈으며 롤백 정책으로 유명한 반공 투사였다. 동생 앨런 덜레스 또한 미국 중앙정보국장이 되어 세계사의 뒷면을 엮어가던 사람이다. 때문에 이들 형제의 활약을 빼놓고는 아이크 시대의 세계사를 논의하는 것은 거의 불가능한 일이다.

천생 스파이 중의 스파이 보스라고 하는 동생 덜레스와 천품이 국무장관감이었다는 형 덜레스가 양면을 엮어갔던 세계사의 주류는 팽창을 거듭하고 있던 공산국, 특히 소련과의 과감한 대결로 점철되어 있었다.

덜레스 국무장관의 돌연한 입원에 세계가 놀란 것은 1959년 2월 10일. 전세계를 누비며 주름잡던 그였기 때문에 과로로 인한 것이려니 하고 가볍게 여겼다. 발표에 의하면 평소에 앓고 있던 탈장수술을 받기 위하여 월터리드 육군병원에 잠시 입원한다는 것이었다.

단 하루도 그가 없는 미국 외교를 생각조차 할 수 없었던 사람들에게는 충격적인 뉴스였다. 그러나 훨씬 심각한 사태가 남모르게 진행되고 있었다. 육군병원 외과팀들이 복막을 젖히고 장관의 몸을 점검하자 놀랍게도 암세포가 장벽에서 이미 퍼져 나가고 있었다. 복부에 오는 원발성 암종이었는지 또는 신체의 다른 부위에서 전이한 2차성 암종이었는지는 병원 당국의 자세한 발표를 접할 수 없었기 때문에 알 길이 없었다.

방사선요법이 시행되기 시작한 건 2월 20일. 수술일로부터 10여 일 후였다. 퍼져버린 암세포는 수술로 다스리기에는 너무 늦었던 것이다. 3월 10일까지 거의 20여 일 간 방사선을 쪼였으나 별다른 진전이 없었다. 드디어 당년 5월 24일에 숨을 거두고 말았다. 외과의사들의 얘기로는 큰창자에 오는 악성종양은 대부분(98%)이 선종이며 이는 위암 다음으로 발생률이 많은데, 전이되지 않는 상태에서 조기에 외과적 적출수술을 하면 수술 후 5년 생존율은 높은 편이나(98%) 임파관을 통하여 전이를 한 경우에는 5년 생존율이 30%밖에 안 된다고 한다. 또한 대장암이라고 해도 발생 부위에 따라 예후가 다르다. 즉 좌측의 대장암은 장폐색을 일으키고 우측에 비해 5년 생존율도 낮다.

덜레스가 사망하자 미국의 정책 방향이 주목을 받았으나 국무장관 허터가 그 자리를 메꾸어 대국다운 풍모를 전세계에 과시했다.

역사상 비명에 스러진 정치가는 부지기수다. 또한 암 때문에 그의 웅지를 펴보지 못하고 사라진 정객도 별의 수효처럼 많다. 때문에 혹자는 역사란 하늘이 베틀 위에서 만들어내는 비단 무늬와 같은 것이라고도 했다.

카르타고 영웅 한니발도 스키피오에게 패한 후에 복수의 화신이 되어 기회를 재차 노렸으나 결국 병으로 쓰러지고 말았다. 또한 낫셀도 수에즈운하를 국유화하고 기세당당할 무렵 갑자기 심장마비로 쓰러지자 전세계는 크게 놀랐다.

운명재천이라고 하나 정치에 뜻을 둔 자는 모름지기 백성의 마음을 낚는 데 앞서 이를 지탱할 자신의 건강부터 점검하는 것이 급선무가 아닐까.

말라리아와 알렉산더

 기원전 320년께 마케도니아의 젊은 왕 알렉산더는 욱일승천(旭日昇天)의 기세로 인도의 포로스왕을 항복시켰다.
 동방에 있는 미지의 나라는 정복욕에 불타는 그에게 다시없는 먹이였다. 드디어 인더스강 유역까지 점령하고 갠지스강으로까지 진군하려는 왕을 만류한 것은 향수에 찌든 부하들.
 고국으로 돌아오는 길목의 바빌론은 왕의 웅지를 펴기에는 다시없는 좋은 땅이었다. 푸른 지중해 연안에 영원한 도시 알렉산드리아를 건설하고 동방의 심장부인 그 땅에 눌러앉아 대제국을 건설하려는 의도였다.
 그러나 산악지방인 자신의 조국의 더없이 맑은 공기와 깨끗한 물을 마시고 살아왔던 그에게 페르시아의 사막에 내리쬐는 뜨거운 햇볕, 숨이 막히도록 무더운 기후 그리고 살아 있는 자와 죽은 자를 함께 포용하고 있는 영원한 생명인 인도의 강물, 불결한 식수는 젊은 왕의 건강을 좀먹게 하고 드디어 그의 생명을 병마 앞에 내던지게 만든다.

33세의 야심에 찬 왕을 앗아간 병마는 '말라리아.' 우리나라에도 2,30년 전까지도 이 병은 완전히 풍토병화하여 국민 보건을 위협했다. '금계랍'은 도시나 농촌 할 것 없이 상비약이었고 아이들 젖떼기 위한 방법으로 어머니 젖꼭지에 묻어 있던 쓰디쓴 키니네의 맛은 장년층 이상은 한 번쯤 맛보았을 것이다. 주로 3일열이 많으며 적혈구에 침입한 원충(原蟲)이 혈구를 파괴시키는 것이 48시간 또는 72시간의 간격으로 주기적이다. 이에 따라 3일열 또는 4일열 등으로 불리는데 면역이 되지 않은 아이들에게는 평소보다도 밥맛이 떨어지며 잠을 안 자고 자꾸 칭얼대다가 갑자기 고열이 오르고 심한 오한이 같이 일어나는 경우가 있었다. 그러다가 일정 시간이 지나면 열이 뚝 떨어지고 온몸이 땀으로 흥건히 젖는다. 그래서 어떤 일에 경을 친 경우에는 학질을 치렀다느니, 초학을 앓았다느니 하는 말이 생겼다. 생각만 해도 으스스 몸이 떨리던 병이었다.

최근 이 병이 경상북도 산간지방을 제외하고는 거의 박멸되었다는 반가운 소식이다. 그럼에도 월남전 참전군인들의 귀국을 계기로 또다시 토착화가 우려되었던 이 병의 위력은, 온대지방에 위치한 모든 나라들이 국민 보건상 아주 골치를 앓는 것을 보아도 알 수가 있다. 또한 버마 방면의 일본군이 전개했던 인팔작전에서 이 병은 영인군(英印軍)에 못지않은 무서운 적이었다. 이때의 참상은 필설로 표현할 수도 없을 만큼 참혹 그대로였다.

'말라리아'는 네 가지 모습으로 발병하는데 그중에서도 악성

3일열인 열대성 말라리아는 뇌말라리아를 일으키는 경우가 많아 방심은 절대 금물이다.

　인간의 역사는 사람 이외의 신분이 만드는 것. 한 영웅의 생애도 따지고 보면 어떤 의미에서 매우 희극적이다. 암컷 모기 한 마리와 영웅과 역사의 삼각관계는 영원한 하늘의 뜻일 수밖에 없다.

조조(曹操)와 뇌수술

고대에는 의사란 직업이 존경을 받는 반면에 위험도 도사리고 있었다. 특히 왕과 같은 지배자의 시의들은 치료 결과에 따라 삶과 죽음이 오락가락하였다.

유비, 손권, 조조의 삼국이 패권을 다투던 후한 말의 전란시대. 천하의 기틀을 점점 잡아가는 조조는 예기치 않은 병을 앓게 된다. 머리가 아프고 자꾸만 헛것이 보이며 헛소리가 들리는 것이다. 일종의 환각작용. 아무리 치료를 해도 진전이 없자 참모 중의 한 사람이 당대의 명의 화타(華陀)를 추천한다.

진찰을 마친 화타는 위엄 있는 어조로 조조에게 치료방법을 설명한다.

"승상의 병은 머리에 생긴 일종의 풍증(風症)인데 풍의 뿌리가 머릿속에 뻗혀 있어 이를 수술하여 씻어내야만 병이 낫겠소이다."

이 말을 들은 조조의 낯빛이 싹 변했다.

"내 머리가 얼마나 소중한지는 천하 사람이 다 아는 일, 일개

의원놈이 박통 쪼개듯 하자니 될 법이나 한 말인가! 이놈을 당장 가두어 죽여라."

화타는 권력자에게 의연한 모습으로 관운장의 예를 들어 설득하였다. 그러나 화가 머리끝까지 난 조조는 막무가내였다. 드디어 화타는 옥사하고 만다. 물론 조조도 결국은 그 병으로 파란만장한 생애를 마쳤다. 창공(倉公) 순자의(淳子意)와 그의 제자인 편작(扁鵲)과 더불어 중국의 3대 명의라고 일컫던 그의 죽음은 너무 허무했다. 화타의 신비한 의술을 기록해 둔《청낭서(靑囊書)》는 일부분만 전해 오고 있을 뿐이다.

화타 훨씬 이전의 고대 중국에서는 이미 뇌수술을 시행하고 있었다. 기록에 의하면 "이웃집 아이가 두통을 앓았는데 아라비아의 의원이 칼로 전두부(前頭部)를 절단하니 작은 게가 붙어 있어 돌처럼 단단했다. 이를 적출한 후 게는 계속 움직이다 죽었는데 고통은 즉시 멎었다"라고 하였다. 아마 디스토마충이 뇌에 들어갔는지도 모른다.

고대 이집트에서도 뇌수술은 행해지고 있었다.《에드윈 스미스 외과 파피루스》의 저자라고 알려진 의성(醫聖) '이므호테프'는 실어증의 치료에 뇌절제수술을 한다고 기록하고 있다. 이때는 환자를 약초로 마취시킨 후에 동제(銅製) 칼로 집도하였다고 기록되어 있으니 마취용 마약을 사용하기 시작한 것이 지금으로부터 겨우 150년밖에 안 된 사실을 생각한다면 참으로 놀랄 일이다.

고대 남미의 잉카제국에서도 뇌수술을 시행하고 있었다. 더군다나 1949년 포르투갈의 모에스 교수에게 그 창안의 공로로 노벨생리의학상이 수여된 바 있는 로보토미(前頭葉切除수술)가 이미 천 년 훨씬 이전에 잉카에서 이루어지고 있음을 발견했다.

화타가 당시의 최대 권력자였던 조조에게 죽임을 당했던 이유는 조조의 무지와 불신 때문이었다.

또한 조조에게 수술을 권하면서 적장인 관운장의 예를 들었던 점도 실수였던 것 같다. 조조에게는 좀더 자세한 설명과 자신감을 보여주었어야 마땅했다.

오늘날 뇌외과(腦外科) 분야는 눈부시게 발전을 거듭하여 주위에서 많이 보는 중풍이라고 불리는 뇌혈관질환이나 뇌종양과 같은 병들을 많이 치유시키고 있다.

옛날 같으면 뇌에서 병이 나면 거의 죽는 걸로 인식되어 왔는데 이런 생각들이 많이 개선된 것은 오로지 그 분야에 종사해온 의사들의 공로가 아닐 수 없다. 또한 무지한 언동으로 의사의 위엄을 억누르려는 태도는 소망스런 점이 아니다. 의사의 위엄은 진실에 대한 통찰, 삶에 대한 지혜, 의술에 대한 신앙에서 비롯되어야 하고 주위에서는 이를 북돋워주어야 한다. 의사의 위엄은 결국 누구를 위한 것인가?

이박사와 장수비결

이승만. 그 이름을 부르는 사람들의 감회는 모두가 착잡하기 그지없다. 한편에서는 그를 어려운 시대에 태어나 오로지 조국광복을 위하여 일생을 바친 불운한 분이었다고 아쉬워한다. 그러나 또 다른 사람은 이박사를 가리켜 그의 미국에서의 행적이나 정부수립 후의 기가 막힌 자유당 정권 때의 예를 들면서 다시없는 폭군이요 독선적인 노인이었다고 삿대질한다.

과연 어느 쪽이 진실일는지는 훗날의 냉혹한 역사적 평가가 판가름할 문제이지만 우리에게는 어떤 의미에서든지 결코 잊을 수 없는 이름이다.

한말의 어수선한 민족의 수난기에 태어나 선각자로서의 그의 파란만장한 생애는 시작된다. 6여 년에 걸친 혹독한 옥고는 참혹 그대로였다.

검거 당시에 하필이면 정적이던 박달배(朴達北)에게 취조를 당하면서 받던 고문은 먼 훗날까지 그때의 얘기는 결코 하고 싶지 않다고 말할 정도였다. 화가 나면 손톱을 입으로 호호 불어

대는 습관은 그때 고문을 받던 고통 때문에 얻은 것이다.

그가 있는 곳에는 항상 적과 동지가 에워싸고 있었다. 그리고 애국에 관한 한 어찌되었든 다른 사람이 추종할 수 없는 정열과 이상에 사로잡혀 있었다. 반면에 이러한 그의 모습을 의혹과 불신에 찬 눈초리로 지켜보고 있는 사람도 많았다.

이박사의 고집은 천하가 다 아는 유명한 것이었다. 독실한 유학자의 6대 독자인데다가 더구나 모친의 나이 40세가 넘어 얻은 자식이고 보니 그 집안에서의 대우는 가히 상상하기 어렵지 않다.

그의 독선적 성격은 이때부터 만들어진 결과라고 얘기하는 사람도 있다. 그리고 조국에 대한 사랑은 자기 나름의 비길 데 없는 사명의식 때문이었다고들 말한다.

아무튼 이렇게 복잡한 평가를 받는 그를 한마디로 잘라 말하기는 거의 불가능하지 않을까 한다.

이박사가 91세의 나이로 1965년 7월 19일 하와이의 마우나라니 요양원에서 타개할 때까지 그의 장수를 한쪽에서는 퍽 부러워했고 다른 쪽에서는 못마땅한 눈초리로 흘겨보았다.

그의 장수비결은 도대체 무엇이었을까? 선천적으로 강인한 체질인데다가 무서운 직심으로 한번 결심을 하면 그대로 실천했던 결단이 곧 그의 장수비결이 아니었나 싶다. 기독교인이기 때문이었는지 또는 다른 이유 때문이었는지 밝혀지지는 않지만 생애를 통하여 술과 담배는 멀리하였다.

그는 신체의 자연회복설을 믿고 있었다. 때문에 측근들에게 말하기를 "사람의 신체는 저절로 낫게 되어 있단 말이야. 참고 견디면 병이 저절로 고개를 숙이고 도망을 가지"라고 하며 될 수 있으면 약을 먹거나 주사 맞는 것을 기피했다. 그리하여 그의 식탁은 언제나 가공식품이 아닌 자연식품으로 차려졌다. 오랜 미국 생활에도 불구하고 한식을 비교적 좋아했다. 특히 김치는 꼭 프란체스카 여사에게 손수 담그게 하여 먹었다고 한다.(필자 주- 이 항은 자부 조여사의 증언)

아침에 일어나면 반드시 냉수를 한 컵 마시는 습관이 있었다. 이는 그가 프린스턴대학을 갖은 고생을 하며 다닐 때 하루 한두 끼 굶는 일이 많아서 아침식사를 거르게 될 때에는 허기를 면하곤 했던 것이 습관이 되어버렸다고 한다. 아침에 냉수를 마시는 것은 정장 효과에도 좋다는 것은 잘 알려진 사실인데 한의사들의 얘기로는 이박사의 강철과 같은 성격이나 고집 등으로 보아 열성 체질이 아니었던가 하고 말한다. 때문에 아침에 냉수를 마신 것은 그분의 체질로 보아 현명한 건강관리의 한 방법이 된 것 같다고 해석한다.

이박사의 규칙적인 생활은 변함이 없었다. 아침 7시에 일어나면 정원을 산책하는 것이 일과의 시작이었다. 취침은 언제나 저녁 10시, 집무시간이 지나면 모든 머리 아픈 일을 깨끗이 잊어버렸다고 한다. 스트레스가 쌓이면 병이 됨을 잘 터득하여 이의 해소에 남달리 신경을 썼다. 때문에 화나는 일이 생기면 도끼를 찾아들고 뜰로 나가 장작을 꽝꽝 패서 울적한 마음을 달래곤 하였다.

그가 낚시를 좋아한 것은 잘 알려진 사실이다. 멀리 갈 때에는 진해 부근의 바다낚시였고 가까이는 인천의 바다 기슭이었다. 낚시는 하와이에 있을 때부터 취미생활의 일부였다.

이와 같이 복잡한 정무로부터 완전한 해방과 낚시와 같은 취미로 쌓이고 쌓인 스트레스를 없앤 것이 또한 그의 건강유지 방법이었던 것 같다.

이박사가 수술을 받은 것은 꼭 한 번뿐이란 것은 여태껏 알려지지 않은 새로운 사실이다. 방광결석에 걸려 고생하고 있던 이박사가 월터리드 육군병원의 닥터 보스키를 불렀다. 닥터 보스키는 때마침 미8군병원에 근무하고 있었다.

그의 진찰 결과는 역시 수술을 할 수밖에 없다는 얘기였다. 의사의 말을 묵묵히 듣고 있던 이박사가 보스키를 쏘아보며 물었다.

"만일 내가 당신의 아버지였다고 해도 나에게 수술을 권할 텐가?"

이 말을 듣는 보스키의 안면이 가벼운 신음과 함께 긴장되었다. 한참 생각에 잠긴 후에 무거운 입을 떼었다.

"네, 각하. 역시 수술을 하시는 것이 좋겠습니다."

의사의 말을 항상 잘 들었던 그는 수술을 받기로 그 자리에서 결정했다.

닥터 보스키의 집도로 수술은 무사히 끝났고 병의 재발을 염려하였으나 그 뒤로 무사했었다.

재발률이 비교적 높은 것으로 알려진 방광결석이 재발 안 한 것은 그에게 행운이었던 것 같다. 아무리 이박사라 해도 그 나이에 두세 번의 대수술을 견디기는 쉽지 않았을 것이다.

하와이에서 울화병으로 생명이 경각에 달렸을 때 말도 많았다. 젊은 사람들도 견디기 어려운 끈질긴 투병생활은 그의 강인함을 보여주었다. 어떤 사람은 그가 강원도 백년 묵은 산삼을 먹었기 때문이라는 등 여러 가지 화제가 잇따랐으나 사실 이박사는 인삼에 대한 알레르기 체질이었다고 한다. (필자 주-프란체스카 여사 증언)

인삼을 복용하게 되면 몸이 가렵고 온몸에 두드러기가 났다고 한다. 또한 그는 우유에 대하여도 알레르기였기 때문에 우유를 안 마셨다고 한다.

인삼에 대한 알레르기 체질은 그 예가 희소하다고 한의사들은 얘기하고 있다.

이박사는 또한 남자는 평소에 족(足)이 온(溫)해야 하며 머리는 냉(冷)해야 한다는 동양의학적인 생각을 가지고 있었다. 때문에 싸늘한 날씨에는 반드시 구두를 데워 신었다고 한다.

결국 그의 섭생의 비법은 첫째가 규칙적인 생활과 적당한 운동, 둘째가 체중조절을 위한 다이어트 식사, 셋째가 금욕적이고 검소한 생활 태도 등이었던 것 같다. 그중에서도 스트레스 제거에는 남달리 노력하였다.

"나를 고국으로 데려가 줘. 호랑이도 죽을 때는 제 집에서 죽는 법이야" 하고 애타게 조르던 이박사. 그도 최후에는 결국 한 보통사람으로 돌아와 타계하였다.

그의 가부장적인 애국적 통치행위가 4·19의거에 의하여 거부되었을 때 그가 받은 충격은 절대적이었으리라. 그의 최후는 결국 자신의 신념과 의지가 허물어지는 데서 오는 허탈과 충격이 원인이 되었다.

우리는 여기서 정치인의 대도(大道)와 운명이란 과연 무엇인가를 두고두고 생각하게 된다.*

---

* 필자 주 – 조언하여 준 프란체스카 여사와 자부 조여사께 감사드린다.

조병옥 박사의 최후

우리나라 현대정치사에서 결코 지울 수 없는 유석(維石) 조병옥 박사에 대한 일반적인 평은 풍류를 아는 호탕한 정객(政客)이었으며 투쟁과 타협을 능히 양립시킬 수 있었던 유일한 정치인이었다는 것이다.

호상(虎相)의 찡그린 얼굴이 무섭기보다는 집안 큰형 같은 생각이 들게 함은 그의 인격에서 우러나온 체취였다. 그가 잘 불렀던 〈옛날의 금잔디〉 노래는 살벌하기 그지없는 한국판 정치 정글에서 그런대로 멋과 여유를 듬뿍 보여주었다.

두주(斗酒) 불사했던 조병옥. 그 실상은 39세 되던 해 조만식 선생과 함께 경영하던 조선일보가 타인의 손으로 넘어가고 당시 경영에 참여했으나 일이 여의치 못한 것이 발단이 되어 처음으로 술을 마시게 되었고 그 후 대주가가 된 것이다.

유석처럼 생활고를 뼈저리게 느꼈던 정치인도 그리 많지는 않을 것이다.

일제가 발악하던 때 굶다 못하여 양주에 있는 산지기한테 가서 사정하여 쌀 두 말을 얻어온 얘기는 유명하다. 이렇게 어려운 중에도 굴하지 않았던 기백과 호방한 성품은 그를 더욱 돋보이게 한다.

유석이 자유당 치하에서 테러로 인하여 장애인이 될 뻔한 일은 어느 정도 알려져 있으나 실상은 그로 말미암아 보행곤란과 기억력 상실을 초래하였다. 1950년 6월 18일, 이 대통령의 반공포로 석방이라는 역사적 사건을 전후하여 유석은 정부가 유엔과 미국과 사전 협의 없이는 나중에 외교관계를 악화시킬 수 있다고 성명을 발표하였던 것이다. 6월 24일 저녁에 뛰어든 괴한들에게 테러를 당하였는데 두정골(頭頂骨)에 함몰 골절을 입고 목숨만은 겨우 건졌다. 뇌에 가해진 충격은 대단해서 완전히 보행곤란과 의식의 혼탁 등을 가져왔다. 평소에 그의 주치의였던 내과의사 김근배(金根培) 박사에게 7개월에 걸친 치료를 받아 겨우 보행과 글씨 쓰는 것 등이 조금씩 호전되었다. 대외적으로는 거의 회복된 것으로 알려져 있었으나 사실은 50미터 이상을 보행할 수 없는 환자 유석이 되고 만 것이다. 그 후로 어쩐 일인지 다리에 폐쇄성동맥경화증이 생겨 또 다른 고통을 이겨가야만 했다. 이 병이 오게 되면 간헐적으로 다리를 절게 되며 쑤시고 한기를 느끼게 된다.

환자 유석을 운명의 신이 재차 노리고 있을 줄은 아무도 몰랐다. 1959년 늦은 봄, 부산에서 있었던 도당대회(道黨大會)에 참석하여 점심으로 먹었던 생선초밥 때문에 탈이 났던지 그 후로 계속 소량의 혈액이 대변에 묻어나오곤 했다. 의사들도 처음에는 단순히 장염(腸炎)으로 인한 증세려니 하고 치료를 했으나 호전되지 않자 서울에 있는 위생병원 닥터 로우에게 진찰을 받도록 하였다.

X선 결과 위에 작은 음영이 두 개 보이는데 아무래도 종양 같다는 통보를 받고 그는 미8군병원에 재차 진찰을 의뢰했다. 거기에서 암종(癌腫)이라는 청천벽력 같은 결과를 통보받았다. 대통령 선거를 목전에 둔 그가 얼마나 당황하고 낙담하였을지는 쉽게 상상할 수 있다.

드디어 측근들의 주선으로 서울에 있는 외교구락부에 11명의 의사를 초청하여 유석의 병에 대한 토의를 하게 되었다. 여기에는 세브란스의 민광식 박사, 이영준 박사 등과 같은 외과계의 대가들이 끼어 있었다.

외과의사들의 한결같은 얘기는 암이 틀림없으니 제거수술을 하자는 주장이었다. 그러나 한쪽에서는 그의 건강이 온전치 못할뿐더러 다리에 협착동맥경화증까지 있으니 이로 인한 탈이 생기면 안 되니 신중을 기하자는 주장이었는데, 이 그룹 중에는 의사 출신 조영규(曺泳珪) 의원도 끼어 있어 극구 수술을 반대하였다. (필자 주-이 항은 조영규씨 증언임)

그러나 결론은 미국행으로 낙찰되었고 1월 29일에 도미를 하게 되었다. 많은 국민들이 그의 회복을 바라고 있었지만 2월 15일, 유언 한마디 못 하고 돌연 별세하고 말았다. 사인은 심근경색증. 역시 지병이었던 폐쇄성 동맥경화증이 문제가 된 것이라는 얘기들이다. 유석의 병은 선종성(腺腫性) 용종폴립이었다고 한다.

  이는 암으로 변화하는 비율이 높은 것으로 알려져 있다. 결국은 운명이란 노력만으로는 피할 수 없다는 게 가슴 아픈 얘기지만 진실일 수밖에 없다.

백범(白凡)과 홍역

"네 소원이 무엇이냐고 하고 하나님이 물으시면 나는 서슴지 않고 '내 소원은 독립이요'라고 대답할 것이다. 그 다음 소원은 무엇이냐 하면 나는 또 '우리나라 독립이요' 할 것이요, 또 그 다음 소원이 무엇이냐는 세 번째 물음에도 나는 더욱 소리 높여서 '나의 소원은 우리나라 대한의 완전한 자주독립이요' 하고 대답할 것이다."

백범 김구의 유명한 세 가지 소원이다.

나라가 망해가던 한말에 황해도 해주땅에서 가난한 농부의 아들로 태어난 그는 74세의 파란만장한 생애를 오로지 조국광복에 바쳤으나 왜놈들이 쏜 총탄에 의해서가 아니라 동족이 쏜 총탄에 맞아 꺾이고 만 민족의 거목이었다.

백범의 강인한 체질은 천부적이었던 것 같다. 그가 힘이 장사였다는 것은 잘 알려진 사실이다.

그러나 그는 네 살 되던 해 유행하던 천연두에 걸려 겨우 목숨을 건지고 후유증으로 얼굴에 마마 자국을 남겼다. 딱지가 자연스럽게 떨어지기를 기다려야 하는데도 죽침(竹鍼)으로 고름을 빼준 결과였다.

또한 그가 19세 되던 해에는 동학군의 선봉이 되어 황해도에 있는 구월산에 진을 치고 관군에 대항하던 중 섣달 무렵 갑자기 고열과 기침이 나고 머리가 아프기 시작했다. 2~3일 후에는 얼굴부터 발진이 보이기 시작했다. 성인이 다 되어 비로소 홍역을 치른 것이다.

당시에는 이 병으로 자식을 셋 잃었느니 다섯 잃었느니 하였는데 아이들에게는 가장 무서운 전염병이었던 것이다.

지금처럼 예방접종이나 합병증에 대한 치료약이 있을 리 없고 기껏해야 냇가에서 가재를 잡아다 생즙을 내어 먹이곤 하였다. 이는 홍역의 싹[發疹]을 잘 솟구게 한다고 알려져 있기 때문이다. 그러나 가재의 생즙은 폐디스토마의 중간숙주(中間宿主)이기 때문에 뜻하지 않게 폐디스토마를 옮겨주는 결과를 빚기도 하였다.

또한 백범이 장티푸스를 앓게 된 것은 21세 되던 해 해주감옥에 수감되어 있을 때였다. 치료는 고사하고 다리를 펴고 누울 수도 없는 고통 때문에 이마에 충(忠) 자를 손톱으로 새긴 후 허리띠로 목을 매어 자살을 꾀했으나 곧 발각이 되어 미수로 그쳤다.

그 당시는 서양의술이 들어오기 시작한 지도 상당한 시일이 지났으나 아직 보편화되지 못한 때였다. 백범이 태어난 이듬해 (1887) 일본 해군이 부산에 제생의원을 설치하고 해군 군의관 시야의철(矢野義徹)이 부임하여 일인과 우리나라 사람을 치료하기 시작하였는데 이것이 서양의술이 이 땅에 본격적으로 뿌리를 박는 시초였다.

그가 운명할 때까지 몸 안에 총탄을 지니고 있던 것은 잘 알려진 일이다. 63세 되던 해에 그가 망명지 중국에서 민족주의 3당 통합문제를 논의하던 중에 조선혁명당원인 이운한(李雲漢)에게 저격을 받아 심장 근처인 왼쪽 늑골 바로 밑에 총알이 박혔으나 세월이 감에 따라 총알은 오른쪽 늑골 밑으로 이동하였다.

그가 어린 시절과 성장해서 치렀던 천연두, 홍역, 장티푸스는 당시에도 사망률이 높던 대표적인 전염병이었다. 백범이 천연두를 앓던 고종 16년(1879) 10월, 지석영(池錫永)이 부산의 일인병원(日人病院)에서 종두법을 배워 가지고 처가 동네 사람들에게 이를 최초로 시행한 바로 그 해였다.

망국과 남북분단의 통한을 겪으며 보낸 대애국자의 생애도 알고 보면 우리 민족을 괴롭혔던 심신의 시대적 홍역을 함께 앓으며 갈등과 한으로 얼룩진 위대한 인생의 드라마를 엮고 사라져간 것이다.

손병희(孫秉熙)와 위장병

3·1운동의 민족대표 33인 중의 으뜸이었던 의암(義庵) 손병희. 그도 또한 기울어져 가는 이 나라에 태어나서 격랑을 헤치며 이 민족의 등불이 되고자 몸부림치던 선각자였다.

동학란 당시에 북접으로 임명되어 남접이었던 전봉준과 함께 관군을 깨뜨렸으나 전봉준이 잡혀서 죽자 일본으로 상해로 망명의 세월을 보내다가 귀국했다.

3대 동학 교주가 된 그가 박인호에게 자리를 물려주고 우이동으로 물러나 수도에 힘쓰나 이 민족의 현실은 그를 한낱 수도자로 내버려두지 않았다. 33인의 민족대표의 으뜸이던 그에게 일제는 3년형을 선고했다. 감옥에 갇힌 그 해(1919년) 11월 28일에 옥중에서 뇌출혈 때문에 처음으로 졸도를 하고 말았다. 이러한 병세는 진퇴를 거듭하다가 이듬해 병보석으로 출감하여 치료를 받다가 1922년 5월 19일 62세의 일기로 그의 생애를 끝내고 말았다.

의암의 생애 중에 동맥경화증, 당뇨병, 늑막염 등의 질환이 그를 괴롭혔던 병이었으나 사실 그의 후반 반생의 전부를 통하여 끊임없이 그를 괴롭혔던 병은 위장병이었다. 당시로서는 체증이 있다고들 하였는데 현대적인 풀이로는 만성위염이나 궤양 증상이 아니었을까 짐작이 된다. 그는 아침 공복시에 속이 쓰리고 식후에는 소화가 되지 않아 반드시 소화제를 복용했다. 설상가상으로 치아가 튼튼하지 못한데다가 치통까지 겹쳐 그를 괴롭혔다. 충분히 음식물을 씹을 수 없었기 때문에 위장병을 더욱 악화시킨 것이다.

감옥생활 중의 조잡하기 짝이 없는 배식은 그의 병을 악화시킬 우려가 많았기 때문에 33년의 나이 차가 있던 그의 젊은 부인 주옥경의 헌신적인 옥바라지가 시작된다.

의암의 위장병에 대해 신경을 쓰랴, 영양에 대해 신경을 쓰랴, 차입시켜 주는 사식(私食)의 메뉴는 까다롭기 짝이 없었다. 철에 따라 시금치, 쑥갓 등 나물을 곁들이고 생선구이나 고기 다진 것, 참새나 닭 같은 것을 식성에 맞도록 요리했고 과일, 우유, 수프 등을 만들어 넣어 보냈다.

소화제를 넣어줄 길이 없자 간수를 매수하여 얇은 종이에 싸서 풀칠을 한 후 밀가루를 바르고 이를 부침으로 만들어 들여보냈으나 의암은 처음에는 모르고 있다가 나중에 이를 발견하고 옥중에서도 소화제를 들 수가 있었다.

내과의사들의 얘기로는 위장병의 예방으로는 역시 평소에 조잡한 음식물을 폭음폭식하는 습관을 없애고 스트레스를 제거하여 정신상태와 밀접한 관련이 있는 위장을 아끼는 것이 첩경이라고 말한다. 만성위염과 같은 소화불량증은 원인불명이나 급성알코올중독이나 식중독 쇼크나 위에 자극을 주는 약을 함부로 사 먹는 행위 등은 모두 위를 혹사하는 결과를 빚는다. 때문에 사람이 쉰다는 말의 의미는 체내의 여러 기관에게 지나친 부담을 주지 않고 자기 페이스를 찾도록 하는 것이다. 과하지 않다는 이 말처럼 건강을 지켜주는 금언이 또 없으리라.

세조와 의원

"3대에 걸쳐 의업을 하지 않는 집의 약은 쓰지도 마라"는 속담이 있다. 비방이 그만큼 남모르게 살짝 자자손손으로 비전되어 왔던 의료의 현실이었다. 의약은 고려나 조선에 와서도 그 사회적인 지위는 여전히 중서계급(中庶階級)의 업으로서 양반계급에게 실시하는 과거와는 달리 잡과(雜科)의 일과(一科)로서 전의감이나 예조(禮曹)에서 실시하였다. 특히 조선에 들어와서는 초시(初試), 복시(覆試)로서 등과 여부를 가려냈는데 초시는 전의감(典醫監) 그리고 복시는 예조와 전의감이 협동하여 선별하였다.

 당시의 사회상은 의술이 존귀함은 충분히 알고 있으면서도 의(醫)를 업으로 삼는 일은 양반층에서는 꺼리고 있었다. 의원들 자신도 등과 후에 그 진급에는 한도가 있었다. 《경국대전(經國大典)》 제과(諸科)에 의과일등(醫科一等)은 종팔품(從八品), 2등은 정구품(正九品), 3등은 종구품(從九品)으로 되어 있어 정삼품(正三品) 이상으로 오르는 일은 희소하였다. 그러나 이는 절대적인 것이 아니고 뛰어난 의원은 내의원이나 전의감의 전의(典醫)로 발탁되는 일도 많았다.

사회 진출의 문호가 그리 넓지는 않았으나 의술의 필요성은 충분히 인정받아 여러 임금들도 여기에 많은 관심을 두었다.

특히 조카 단종을 몰아내고 보위에 오른 세조야말로 사육신 얘기만 나오면 만고역적 소리를 지금도 듣지만 내치(內治)의 업적은 대단했다.

사학자들의 얘기로는 세조가 역술(易術), 지리, 의술, 복서(卜書), 시문(詩文), 법서(法書), 율려(律呂), 농상(農桑), 축목(畜牧), 역어(譯語), 산법(算法) 등에 관한 여러 서적들을 정리 편찬한 일은 어느 임금 못지않은 공적이었다고 한다.

특히 의술에 대해서는 관심이 대단하여 임금 스스로 의서를 탐독하면서 대궐 안에서 이를 강독시켰다. 또한 양반 자제 중에 총명한 자를 가려내어 의술 공부를 시켰다고 한다. 이러고 보면 세조야말로 생명을 다루는 의원의 역할을 누구보다도 깊이 인정해 주었던 통치자였다.

세조 9년에는 《의약론(醫藥論)》을 지어 이를 펴냈는데 그중에서도 팔종의(八種醫)에 대한 얘기는 유명하다.

그에 의하면 의원은 대개 8가지 부류로 나뉘는데 그중에서도 으뜸은 심의(心醫)이고 다음은 식의(食醫), 약의(藥醫), 혼의(昏醫), 광의(狂醫), 망의(妄醫), 사의(詐醫), 살의(殺醫)의 순서가 있다고 한다.

이는 학문에 의한 분류가 아니고 환자를 다루는 방식에 따른 분류였던 것 같다.

심의를 으뜸으로 여겼던 세조의 간파는 현대의학에서 자주 논의되고 있는 정신신체증(精神身體症)을 일찍이 지적한 것이다.

식의를 두 번째 두었던 것은 식이요법의 중요성을 또한 설파하였으니 그 자신이 의술에 조예가 없고서는 도저히 불가능한 일이다.

세조의 현실적이고 합리적인 생각을 잘 나타낸 것은 그가 신의(神醫)를 으뜸으로 두지 않은 일이다. 의술이란 연구와 연마를 통한 학술임을 터득한 것이다.

의원이 기를 펴고 사회적인 우대를 받았던 시대는 역시 다른 분야에서도 발전의 싹이 움트는 때였다.

조선에 있어서도 세종이나 세조 그리고 성종 같은 훌륭한 임금이 있던 시절에는 의술을 위시한 모든 분야에서 문자 그대로 민족중흥의 시대였다. 때문에 의술은 사회 발전에서 빼놓을 수 없는 하나의 바퀴임에는 틀림없다. 결국 훌륭한 통치자에게 국민의 생명을 보호할 의무가 있다면 의술이야말로 우선적으로 보호·육성되어야 할 분야인 것이다.

풍신수길(豊臣秀吉)과 뇌막염

우리나라 역사에서 잊을 수 없는 일본인은 수없이 많으나 그중에서도 임진왜란의 처절한 민족적 수난을 생각할 때마다 피를 끓게 하는 인물들이 있다.

원흉 풍신수길(豊臣秀吉), 그의 영주였던 소서행장(小西行長), 가등청정(加藤淸正) 등은 우리 민족사에서 영원히 그 이름을 지울 수 없는 장본인들이다.

수길의 조선 침략은 응인(應仁)의 난 이래 1백여 년 간 계속되어 온 전란의 종식과 더불어 불필요하게 되어버린 대명(大名), 토호, 무사 계급에 대한 무마책과 수길의 과대망상적인 명(明)과 인도까지의 진출에 대한 허욕이 주된 원인이었다. 수길의 과대망상의 심리적 분석 결과 열등의식의 발로였으리라 여겨진다. 경족(輕足)이라고 불린 농민의 자식으로 벼락출세 그리고 일찍이 그 괴상한 용모 때문에 원숭이라고 조롱받던 심리적 부담감도 한몫을 차지했을 것이다.

그가 서쪽 영주들의 꼬드김으로 조선 침략을 계획하고 있을 무렵 54세에 얻은 그의 외아들이 돌연 사망한다. 문헌에는 풍증으로 기록되어 있으나 전후의 증상으로 미루어볼 때 뇌막염으로 해석함이 의학적 견해로는 옳다고 본다.

불임증 환자인 그가 자식을 갖게 된 것은 오직 바람기 많은 그의 애첩 다다희(茶茶姬)의 공로였다. 늙어가는 그에게 외아들의 사망은 큰 충격을 주게 된다. 따라서 종족 보존의 본능이 완전히 단절된 그에게 유일한 희망은 영토 확장으로 그의 족적을 남기는 일이었다. 나폴레옹의 작은 키와 그의 유럽 황제에 대한 야심 그리고 수상 비스마르크를 파면하여 유럽의 정치 판도를 변화시켰던 왼손잡이 빌헬름 3세. 개인의 심리적 콤플렉스가 역사를 변화시켰던 좋은 예라고 할 수 있다.

당시의 일본은 마나세의학(曲直瀨醫學)이 발달하고 있었고 조선에서는 허준의 《동의보감(東醫寶鑑)》 그리고 명나라에서는 《의학입문》과 같은 대저(大著)가 엮어질 무렵이니 가히 동양의학의 황금기라고 할 수 있겠다.

뇌막염은 아이들에 있어서는 생후 첫 1년 동안에 50% 정도가 발병한다는 통계가 있다. 또한 미숙아는 정상아보다도 17배 정도로 발생률이 높다고 한다. 증상은 패혈증에 빠진 아이들처럼 잘 먹지를 않는다든지 열이 간혹 오르는 등의 막연한 증상으로 시작하여 구토, 경련, 혼수가 뒤따른다. 어머니들은 아이의 머리에 있는 숨통을 가만히 만져보아 팽팽한 느낌이 들고 앞서와 같은 증상이 있을 때에는 지체 없이 의사에게 보여야 한다. 이 병은 원인균에 따라 결핵, 화농성, 바이러스성 뇌막염으로 분류한다. 아직도 우리 주변에서 이 병을 흔히 볼 수 있고 사망률도 비교적 높으니 관심을 둘 일인 것 같다.

당시에 일본 제일의 소아 한방의사였던 근등계안(近藤桂安)조차도 수길의 아들을 회복시킬 수 없었다. 만일 그가 살았다면 왜란의 규모가 좀더 달라졌을지도 모른다.

일본인들이 문록(文祿) 경장(慶長)의 역(疫)이라고 부르는 임진·정유의 난, 삼천리 방방곡곡이 폐허가 되었고 산하가 학살당한 백성들의 시신으로 뒤덮였던 그 난, 굶주리다 못해 초근목피로 연명하다가 그도 못 하여 죽어 넘어진 사람의 숫자를 헤아리기조차 어려웠던 그 대란을 그들은 왜 '역'이라고 부르는가. 그들에게는 자기 민족의 성장과정에서 조선 침략이 1막의 해프닝이었는지도 또 홍역을 치렀다고 가볍게 여길는지 모르나 우리 민족에게는 결코 잊을 수 없는 대란이었다. 일본 역사의 서술방식이 아전인수식인 긍정론으로 점철된다면 앞으로 밝은 한일관계를 위해서는 참으로 불행한 일이 아닐 수 없다.

매독과 알 카포네

매독은 어떤 의미에서는 복수의 선물이었다.

"복수는 호의보다 더 정확한 회계과장이다.", "죽은 자가 산 자를 지배한다"는 말이 이 병에는 들어맞는 비유인 것 같다.

약소민족이 침략자에게 저항할 수 있는 방법이 그리 많지는 않지만 미지의 아메리카 대륙에 사는 원주민들의 값비싼 보복의 상징이 되고 말았다.

매독은 콜럼버스가 아메리카 대륙을 발견하고 하이티로부터 돌아온 1493년 이후에 전유럽으로 퍼져 나갔다는 것이 정설로 되어 있다. 더군다나 그 이듬해에 프랑스 찰스 8세의 군대가 이탈리아를 쳐들어와서 이 콜럼버스의 말년은 이리저리 불운의 연속이었다. 이것이 미지의 것에 대한 도전자의 운명이었을까.

1531년 1월 스페인의 탐험가 프란치스코 피사로는 3척의 배에 165명의 사람을 싣고 페루로 가던 중 조난당한다. 그는 13명의 부하를 거느리고 고대 남미의 최대 문명국이었던 잉카에 침입했다.

이들이 남미 문명국에서 한 짓은 중세의 유럽 문명인들이 저지른 최악의 범죄였다. 약탈, 방화, 살인을 거침없이 저질렀으며 여기서 살아 돌아간 자가 매독까지 빼앗아갔다고 한다.

하여튼 아메리카 대륙에서 유럽으로 매독을 옮겨간 공로가 콜럼버스든 피사로든 간에 지금으로부터 약 500여 년 전에 유럽에서 일대 유행하기 시작한 것은 사실이다.

아시아 대륙에는 포르투갈인들이 중국으로 수출하였다. 때문에 이 병을 당창(唐瘡) 또는 광동병이라고도 부른다. 특효약이 없던 옛날에 이 병에 한번 걸렸다 하면 죽거나 병신이 되거나 곤욕을 치렀으니 '당창할 녀석'이란 소리는 최대의 욕이 아닐 수 없었다.

프랑스의 루이 14세가 매독환자였다는 것은 널리 알려진 사실이다. 당시의 프랑스는 농민이나 평민들은 노예처럼 비참한 생활을 한 반면에 귀족들은 온갖 향락과 난잡한 성생활을 하였다. 때문에 상류사회에서는 매독이 극성을 떨었다. 매독은 반드시 접촉에 의해서만 옮겨지는 전염병인데 때로는 입맞춤이나 애무 등과 같은 행위에 의해서도 옮겨지고 있다.

에리히가 '살바르산'을 발견하여 특효약으로 한때 각광을 받았다. 606호란 소리는 만병통치의 대명사였다. 심지어 신경통만 좀 있어도 606호를 맞던 시절이 우리나라에도 있었다.

매독의 특효약은 역시 페니실린이다. 최초로 페니실린의 혜택을 받았던 매독 환자는 아이러니컬하게도 암흑가의 두목 알 카포네였다. 뇌매독을 앓고 있던 그로서는 영국의 플레밍이 이 병의 특효약을 발견하였다는 소식에 귀가 번쩍 뜨였을 것이다. 그는 부하들을 시켜 이 약을 약탈하여 사용했다. 마피아의 두목다운 행동이었다. 그러나 뇌매독 말기까지 다다랐던 그에게는 특효약도 쓸모가 없었다. 그가 유명을 달리했던 것은 나이 46세 때였다. 근래에 우리나라에도 매독 환자가 급격히 늘었다고 피부과의사들은 걱정이 태산 같다. 이 병에 걸리면 본인은 물론 죽거나 수없는 고통을 맛보게 되지만 사산을 한다든지 장애를 가진 자식을 낳는다든지 하는 문제가 더욱 심각하다.

일본에 있어서 에도(幕府)시대, 우리나라의 조선말 개화 무렵 등에 매독환자가 급증했다는 사실은 문명의 교류가 빈번한 틈에 슬그머니 얹혀 들어오는 달갑지 않은 문명 쓰레기인 것이다. 우리 주변에 더 이상 문명의 탈을 쓴 쓰레기가 없는지 살펴볼 때가 온 것 같다.

아인슈타인과 방광염

　인생 항로에 수많은 역경은 암초처럼 널려 있어 사람의 크기와 기량을 시험한다.
　아인슈타인이란 이름은 천재과학자란 호칭 못지않게 신념과 인내로써 고난에 찬 일생을 극복하며 살았던 참으로 위대한 인간으로 기억되지 않으면 안 된다. "유일한 인생을 남을 위해 사는 것은 살 만한 가치 있는 인생이다"고 그가 말하였듯이 인류의 평화와 행복을 위한 투쟁이 그의 생애를 관통하고 있었다.
　일생을 통하여 그를 괴롭혀온 병은 고독으로 인한 신경쇠약증. 그의 정신질환은 젊은 시절 이탈리아 유학중에 이미 시작되었다고 한다. 유태인이라는 인종적 편견 속에 어린 시절을 보낸 상처였다.
　상대성 원리와 광량자설을 발표하여 세계를 떠들썩하게 하였던 과학자로서의 그보다도 인간정신의 위대성을 강조하였고 진실을 믿어 마지않던 그의 진면목을 세인들은 망각하기 쉬웠다.
　사람의 행동과 욕망은 다른 존재와 밀접하게 결부되어 있다는 연대의식으로 사회와 인생의 문제에 대하여 깊은 관심을 가졌고 적극적으로 참여했다. 훌륭한 인격 속에서만 이 위대한 학문의 싹이 움터온다는 사실은 이 사람을 통하여 뚜렷이 증명된다.

그의 목숨을 앗아간 방광염. 1955년 4월 18일, 미국의 프린스턴 대학병원에서였다. 향년 76세는 우리 표준으로는 유한 없는 생애라고 할 수 있으나 인류에게는 커다란 손실이 아닐 수 없었다. 영웅이 아닌 거인이 그리워지는 시대이기 때문에 더욱 아쉬움이 남는다.

입원중에 그는 "나는 유태인으로 태어나 어린 시절 온갖 모욕과 설움을 받았다. 그러나 사람에게는 진실한 면이 훨씬 많다는 것을 의심해 본 적은 없었다"고 감회 어린 술회를 하였다.

우리 민속의학에 오줌소태라는 말이 있다. 오늘날의 풀이로는 방광염뿐만 아니라 뇌실의 일정한 부위의 핵조직이 파괴되어 항이뇨작용 호르몬 부족으로 생기는 요붕증 등을 통틀어 가리킨다.

방광염은 대부분 상행성(上行性) 감염에 의한 비뇨장애로 인하여 오줌이 고여서 원인이 된다는 비뇨기과 의사들의 얘기다.

통일신라시대 사람들의 방광에 대한 생리학적 지식은 도대체 어느 정도였을까? 삼국 중 제일 먼저 한의학을 받아들인 것은 역시 고구려였는데 평원왕(平原王) 3년에 오(吳)나라의 지총(知聰)이 《내외전(內外典)》,《약서(藥書)》,《명당도(明堂圖)》 등의 책을 전함으로써 구체적인 지식을 얻었으리라 여겨진다.

《황제내경(黃帝內經)》 18권에 기록되어 있는 〈소문진란비전론(素問震蘭秘典論)〉 제8에 "방광은 주도궁(州都宮)으로서 진액(津液)을 지닌다"고 하였고 〈동선명오기편(同宣明五氣篇)〉 제23에 "하초(下焦)가 온(溫)하여 수(水)가 되어 방광이 이(利)치 않으면 병이 되고 약(約)치 않으면 약(溺)을 남긴다"고 기술하고 있다. 역시 오줌이 흐르지 않으면 방광에 병을 가져오고 방광 기능이 원만하면 오줌, 약(溺)을 만든다고 갈파한 당시의 의학적 지식은 오늘날에도 변함이 없는 것 같다.

한 인간의 생애에 있어서 한두 번의 중병을 앓는 것은 보통 겪게 되는 일이나 아인슈타인은 신념과 절제로써 이를 넘어서고 인류에게 위대한 업적을 남긴 거인 중의 거인이었다.

흐르지 않으면 병이 됨은 어디 신체뿐이랴. 인간사 모두가 그렇거늘….

조산아 뉴턴

 의학도 전문화되어 감에 따라 많은 발전과 동시에 여러 가지 문제점이 제기되고 있다. 전인적 의학 교육의 필요성이 거론되고 있는 소이가 바로 이 점이다.
 실제로 임상의사들 사이에도 과별 분류는 애매한 경우가 많다. 진료의 편의상 그리고 학문의 발달과정에 있어서 한 방편에 불과했던 이 방법이 때로는 엉뚱한 일화를 남긴다.
 한때는 척추간탈출증(脊椎間脫出症)이 신경외과의 영역이냐 또는 정형외과 영역이냐를 놓고 가벼운 실랑이가 있었다. 또한 지금도 비뇨기과 의사라고 소개하면 으레 "성병을 잘 치료하는 의사 선생님이시군요" 하고 의학적 지식이 다분하다고 뽐내는 사회인들이 많으니 피부과의사들이 혀를 찰 만도 했다. 성병은 엄연히 피부과 영역인 것이다.
 수많은 발진성질환에 있어서도 이것이 과연 내과 또는 소아과 영역이냐 피부과 소관이냐 하고 더러는 혼선을 빚는 경우가 있었던 것 같다.

의사들 사이에서도 이러한 가벼운 혼란이 야기되는 판국에 일반 환자들이 어리둥절해하는 경우도 많다. 초등학교 1학년에 다니는 아이가 엄마 손에 질질 끌려오며 병원 문턱에서 "치이, 내가 뭐 어린앤가 소아과를 오게" 하고 사뭇 엄마의 무식(?)을 탓하는 것을 목격한 소아과의사들은 아연실색을 한다. 일반 환자들의 경우에는 자기 나름의 얄팍한 의학적 상식을 토대로 과를 선택하는 잘못을 저지르기보다는 의사들의 분류에 따르는 것이 가장 현명한 방편일 것이다.

만유인력의 발견자인 뉴턴은 칠삭둥이였다. 유복자로 태어난데다 7개월 만에 태어난 뉴턴의 체중은 3파운드에 불과했다.

조산아는 만산아(滿産兒)와 달리 생리적으로 여러 가지 면에 차이가 많을 뿐더러 호흡장애가 쉽게 온다든지 체온조절장애 또는 젖을 빠는 데 지장이 온다든지 한다.

이외에 세균에 대해 감염을 받기가 쉬울뿐더러 중증황달에 걸리는 비율이 아주 높다.

뉴턴이 태어날 당시에는 소아과학의 발달이 지금과 같을 리도 없을뿐더러 항생제는 엄두도 못 낼 때였으니 그가 죽지 않고 살아난 것만 해도 천행이었다. 조산아 뉴턴이 나중에 인류사에 불멸의 대과학자가 되리라고는 아무도 상상하지 못했을 것이다.

뉴턴은 말년에 방광결석으로 큰 고생을 하였다. 비뇨기과 의사들의 얘기로는 직경 5mm 이하이고 표면이 매끄러운 결석일 때에는 수분섭취를 충분히 하고 뛰는 운동을 열심히 하면 그대로 빠져나올 확률이 높다고 한다.

그러나 뉴턴의 결석은 악질이었던 모양으로 거의 일년 동안 이 병으로 고생을 했다. 오늘날과 같이 수술요법이 발달하지 못했던 당시 그의 운명은 정해진 것과 다름없었다. 결국은 이 병으로 생애를 마치게 된다.

대부분의 방광결석은 콩팥에서 만들어져 내려온 것이지만 때로는 원발성(原發性)으로 방광 내에 생기는 것도 있다고 한다.

우리나라의 조산아에 대한 발생빈도는 국립의료원이 10.2%, 이대병원이 8.2%가 되어 상당히 높은 비율을 차지하고 있다.

조산아를 가진 부모들이 항상 불안해하는 것은 우리 아이가 사람 구실을 할 수 있을까 하는 점이다.

그러나 사람의 운명은 전혀 예측할 수 없는 법. 언제나 신의 뜻에 의해 엉뚱한 결말을 가져오는 것을 자주 본다.

그래서 인간만사 새옹지마(人間萬事塞翁之馬)라고 했다던가.

퀴리 부인의 죽음

 제2차세계대전의 클라이맥스는 1945년 8월 6일의 히로시마[廣島]와 9일 나가사키[長崎]에 투하된 원자탄의 폭발이었다.
 히로시마의 인구 31만 명 중 사망 및 행방불명자가 20만 명, 중경상자가 3만 명이나 되었고 나가사키의 경우에는 사망자 및 행방불명자가 3만 5천여 명, 중경상자가 약 6만여 명이 되는 대참사였다.
 히로시마에 투하된 것은 우라늄에 의한 원자탄, 그리고 나가사키의 경우에는 플루토늄으로 만들어진 폭탄이었다.
 이리하여 군국주의 일본 제국은 비극적인 종말을 고한다. 원폭으로 인한 원자병은 전쟁이 끝난 훨씬 후인 지금까지도 사회문제로 말썽이 잦다.
 우라늄 발견자는 베큐렐이고 플루토늄은 퀴리 부부에 의해서 발견되었다. 플루토늄은 마리 퀴리의 조국 폴란드와 비슷하게 명명되었다.
 인간사에 있어서 가장 훌륭한 인격자 중의 한 사람이었던 퀴리 부부의 얘기는 감동적이 아닐 수 없다. 이들 부부 간의 학문에 대한 열정과 동지애 그리고 항상 서로를 격려하며 감격적인 부부생활을 영위했던 그들은 퀴리 부부의 이상주의와 함께 영원한 귀감이 되고 있다. 라듐을 발견하고서도 물질적인 이익을 팽개치고 그들은 이 조제법을 공포한다.

또한 퀴리 부인의 생애를 일관한 조국 폴란드에 대한 조국애는 "학문에는 국경이 없으나 학자에게는 조국이 있다"는 말을 실감나게 한다. 부부의 두 딸 중 유명한 작가가 된 차녀 에바가 쓴 퀴리 부인의 얘기는 한 여성의 일생을 통한 고뇌와 이상과 열정적인 삶으로 인해 독자들을 무한히 감동시켰다.

퀴리 부인의 사인은 재생불량성빈혈증(貧血症)이다. 오랫동안 방사능 물질에 대한 연구로 반복된 조사(照射)와 과로로 치명적인 이 병을 얻게 되어 쓰러졌다. 그때가 향년 67세였다.

라듐, 우라늄, 뢴트겐, 감마선, 기타 방사성 동위원소 등은 진단이나 치료 목적으로 때론 사용되나 정도가 지나치면 여러 장애를 일으킨다. 분열이 왕성한 사람의 세포나 유약한 세포에 강하게 작용하는 성질 때문에 조혈기관이나 생식기관 등에 특히 많은 피해를 준다.

방사선을 쪼이게 되면 그 양이나 기간에 따라 병변의 정도도 달라지며 조사 후 56년 만에 피부암이 발생한 예도 보고되고 있다.

재생불량성빈혈증은 방사선을 쪼이는 것과 더불어 근래에 크롬암페니콜, 설폰아마이드, 아타브린과 같은 약물 이외에도 심지어는 스트렙토마이신, 옥시테트라사이클린, 항경련제 등의 수많은 약품으로 또한 발병된다는 것이 속속 알려지고 있다.

특히 크롬암페니콜에 의한 발병 요인은 아주 높아서 어느 보고는 이 병의 거의 44%를 웃돌고 있다고 하니 값싼 항생제라고 함부로 사먹는 것은 참으로 어리석은 일인 것 같다.

이 병에 걸렸다고 하면 일년 이내의 사망률은 50%이다. 3년 이내는 75%의 사망률이니 치명적인 무서운 병이 아닐 수 없다.

방사능의 무서움은 잘 알려진 사실이지만 거의 실감하지 못하는 것이 현실이다. 인류를 몇백 번이라도 말살시킬 수 있는 폭탄이 우리들의 머리 위에 목하 대기중에 있는 시대에 우리는 생존하고 있다.

고생물학자들에 의하여 공룡의 갑작스런 사멸의 원인이 고대에 있었던 원인 모를 핵폭발에 의한 것이라는 설이 대두되고 있다. 백악기(白堊紀)로부터 제3기 사이에 돌연히 멸종한 공룡이 인류의 앞길을 응시하고 있는 것 같다.

"인간들이여, 지금도 늦지 않았다"고 하늘에서 들려오는 소리는 퀴리 부인만의 목소리일까?

멘델과 신장염

투병은 한 인간의 모든 것을 적나라하게 보여준다.

 삶에 대한 의지, 사람됨의 폭과 평소의 습관조차 가릴 나위 없이 다른 사람들에게 노출시켜 주는 법이다. 병에는 항우 같은 장사도 필요 없다는 말은 병의 무자비와 몰인정한 면을 가리키는 말인 것 같다. 어느 날 갑자기 예고 없이 찾아드는 병마에는 대부분 혼비백산하게 된다.

 그러나 투병을 통하여 그 인간의 위대성이 부각되는 경우도 많다. 얼마 전에 작고한 미국의 험프리 전부통령, 불치의 암에 걸린 그가 굽히지 않고 남은 생애를 국가를 위하여 헌신하겠다고 말하여 전미국인의 존경을 모았다. 말이 투병이지 거의 절망적인 병과 싸운다는 것이 절대로 수월한 일은 아니다.

 절망감과 두려움이 교대로 엄습하여 인간 대열에서 낙오되어 가는 처지가 당장 나락(奈落)으로 떨어지는 생각이 든다고 한다. 또한 초조함 때문에 때로는 자기의 생명을 스스로 끊는 경우도 있다. 또한《삼국지》의 공명(孔明)처럼 살아생전에 중원

(中原)을 평정하고자 병구를 무릅쓰다가 오장원(五丈原)의 불귀의 객이 되는 것과 같은 경우도 있다.

근대 유전학의 주춧돌을 쌓아올렸던 그레고르 멘델. 유명한 '멘델 법칙'은 국민학생까지 다 아는 사실이건만 그의 생애도 알고 오면 파란만장, 바로 그것이었다. 멘델은 오스트리아 농부의 아들이었다. 부모 모두 원예에 조예가 깊은 환경에서 자랐던 그가 8년간에 걸친 잡종식물의 연구를 발표할 당시는 다윈의 진화론이 세상을 풍미하던 때였다.

그러나 그의 학설은 35년이란 긴 세월 동안 빛을 보지 못한다. 설상가상으로 무서운 병인 신장염에 걸리게 된다. 멘델처럼 생애를 통하여 훌륭한 업적을 남겼지만 오래도록 인정을 받지 못한 사람도 그리 많지 않을 것이다.

생애의 후반에 찾아온 신장염은 이 위대한 학자를 너무나 괴롭혔다. 그는 창백한 얼굴을 흔들며 그의 화원 속을 거닐면서 "아아, 인간에게 병이란 존재가 얼마나 귀찮은 것인가. 정말로 피곤하다"라고 한탄하였다.

신장염은 얼마 전 이 고장의 촉망되던 생물학 교수인 박명삼(朴明三)씨를 생각나게 한다. 투병만으로 승부가 잘 나지 않는 병이 바로 만성신장염이다. 재래의 한방에서는 음수부종, 양수부종으로 나누어 보통 부종이라고 부르나 용혈성(溶血性) 연쇄상구균(連鎖狀球菌) 같은 균에 대해 신장조직이 일종의 알레르기 반응을 보이는 것으로 알려져 있다. 아이들에 있어서 급성신장염인 경우 약 90% 정도는 6~12주 정도면 거뜬히 치료된다. 그러나 나머지 10%가 문제다. 만성이나 아급성(亞急性)으로 되어 불치병이 되는 수가 있으니 말이다.

지금도 항간에서는 부종병에는 수박이나 옥수수 수염이 제일이라고 하여 열심히 복용한다. 그러나 이들은 단지 이뇨작용을 돕는 데 불과하다. 역시 이 병의 치료는 안정과 식염 제한이 치료의 대종을 이루고 있다. 최근에는 복막관류나 신장이식 등의 방법을 이용하여 생명 연장을 꾀하고 있으나 그렇게 만족할 만한 것은 아닌 것 같다.

멘델의 생애는 한마디로 고독과 병과의 투쟁사였다. 자기의 연구가 언젠가는 인정을 받으리라는 신념과 신장염과 같은 만성병이 정복되리라는 희망을 버리지 않았다.

여느 병과 마찬가지로 이 병도 올바른 치료방법으로 초기에 잘 대처하면 그렇게 절망적인 것만은 아니다. 삶이란 그 자체가 끊임없는 투쟁사가 아닐까.

제2부
예술가와 병

대반역아 랭보도 하찮다고 생각한 종 기에는 거역할 수 없었다. 그래서 바이런은 "운명이란 것이 사람의 웃음거리로 생각될 때 인간은 운명의 노리개다"라고 외쳤다. 운명에 거역할 수 없었던 인간이었기 때문에 우리는 랭보를 사랑한다.

한용운과 신경통

겨울은 신경통의 계절이다. 밖에는 눈이 소록소록 내리는데 절절거리는 무릎을 움켜안고 몸부림치는 사람들의 심정은 이 병을 앓아보아야만 비로소 알 수 있다고 한다.

수많은 낮과 밤을 통증으로 부대끼면서 얼마나 열정적으로 민족의 자주독립을 부르짖으며 살아갔던 만해 한용운이었던가. 허무한 인간의 삶을 뼈저리게 느끼며 그는 이렇게 시를 읊었다.

떨어진 꽃이 힘없이 대지의 품에 안길 때에
애처로운 남은 향기가 어디로 가는 줄을 나는 안다
가는 바람이 작은 풀과 속삭이는 곳으로 가는 줄을 안다.

1979년은 한국의 타고르라는 만해의 탄생 1백주년에 해당된다. 한 치의 양보도 없는 양심으로 조국의 현실과 대결했던 그를 혁명가로 불러야 할지 민족 시인으로 불러야 할지 난감한 일이다. 시인으로만 부르기에는 민족의 현실에 대한 그의 언동이 너무 참여적이었고 혁명가이기에는 너무 이지적이었던 그였다.

3·1독립선언의 33인 중 한 사람으로서 형무소에 갇혀 있을 때 미구에 닥칠 박해를 예상하고 후회와 공포로 어쩔 줄 모르는 사람들에게 감방 안의 똥통을 들어서 퍼부었던 그는 "후회는 왜 하는 거냐, 울기는 왜 울고 왜 뉘우치느냐! 이것이 소위 독립선언서에 서명했다는 민족대표란 말이냐" 하고 대갈했다.

그의 당당했던 의기는 안중근 의사와 함께 영원히 민족의 꽃으로 남을 것이다.

그렇게 독립을 원했던 그는 해방되기 전 해인 1944년 6월 29일, 서울 성북동에 있는 그의 집 심우장(尋牛莊)에서 아내와 어린 딸을 남겨두고 입적(入寂)하였다.

그의 오랜 지병인 신경통(류머티즘)이 원인이 되었다. 발병의 시일은 정확히 알려져 있지 않으나 백강 이병우(李炳宇)가 한약을 제조하여 주었고 침으로는 당대에 따를 자가 없었다는 김적음(金寂音)의 침술요법을 받았으나 별무효과였다. 신경통보다도 극에 달한 영양실조가 사실상 그의 명을 재촉한 것이다.

신경통이라고 한마디로 말하나 원인에 따라 그 종류도 많다. 그중에서도 제일 흔히 볼 수 있는 것이 류머티즘. 관절이 부어오르고 통증이 뒤따르는 증상 때문에 무척 고생을 하게 된다. 근래에 살리실산이나 부신호르몬 등을 사용하나 호르몬제의 남용으로 부작용 때문에 얼굴이 통통 부어서 오는 사람이 많다는 정형외과의사들의 얘기다. 이들 의사의 얘기로는 근육의 경직이나 땅김은 온욕(溫浴)이나 핫팩 등을 환부에 대어줌으로써 어느 정도 증상의 호전을 가져올 수 있다고 한다.

중국인들은 땅이 넓고 역사가 오랜 민족이기 때문인지는 몰라도 섭생에 관한 관심도 유달리 높은 사람들이다. 그들의 특효요법으로는 칡뿌리[葛根] 200그램과 돼지고기 300그램을 약 3시간 정도 천천히 삶아서 수프로 만들어 먹는 것이다.

비가 올 때면 관절이 마디마디 쑤셔대는 것은 항우장사도 견디기 어려운데 중국인들은 송지(松脂)를 말려서 하루에 약 4그램 정도를 식후에 나누어 먹는다.

미아리 화장장에서 한줌의 재로 화한 만해의 생애가 과연 그대로 끝났을까. 혹자는 그의 불교유신론을 예로 들어 다시없는 고승으로, 다른 사람은 그를 시인으로 소설가로만 클로즈업시킨다. 그러나 시인, 스님, 혁명가로서의 만해 이전에 절절거리는 무릎을 부여안고 그의 생애를 일관했던 진실과 의(義)의 추구는 앞으로도 살아가는 사람들의 귀감이 될 것이다.

남에게 하소연도 할 수 없는 신경통의 그 고통은 만해 한 사람의 그것이 아니고 우리 민족 전체의 아픔이었다. 또한 앞으로도 영원히 잊어서는 안 될 통증이다.

김동인과 불면증

프랑스의 생리학자였던 마나센 부인이 생물에게 잠이 얼마나 중요한지 실험한 적이 있었다. 개를 두 군으로 나누어 한쪽에는 먹을 것을 충분히 주는 대신 빛이나 소리를 자극하여 수면을 방해하고 다른 쪽에는 굶기는 대신에 잠을 충분히 자게 하였다. 결과는 잠을 자지 못한 개들은 모두 죽어버렸는데 굶주린 개들은 살아 있었다. 잠이 생물에게 얼마나 중요한지 가르쳐주는 얘기다.

우리나라 소설문학의 대가였던 김동인만큼 그 병력이 다채로운 사람도 드물 것이다. 신경통은 그를 오랫동안 괴롭혔던 병이었으며 폐결핵에다 설상가상으로 폐디스토마로 가끔 혈담을 뱉고 위장 카타르 때문에 음식물을 먹는 데 극히 주의하곤 하였다. 편도선염 또한 가끔 재발하여 고생하였고 때로는 정신착란을 일으키기도 하였다. 더군다나 치과 또한 빠질세라 위아래 치아는 숫제 틀니였다. 그러나 그의 수많은 병 중에서 불면증은 더욱 유명했다. 일년 내내 잠다운 잠을 한 번도 자보지 못했다.

밤만 되면 잠을 못 이루고 쩔쩔매었고 심지어 자기가 잠 못 이루고 고생하고 있는 꿈까지 꿀 정도였다고 한다.

부인을 잃은 그의 정신적 타격과 잇단 가정파산이 다정다감하고 심약했던 그에게 불면증이란 병을 안겨준 원인이 되었다.

그가 27세 되던 해 생겼던 이 증상은 그 후 2년간에 걸쳐 더욱 악화되어 내내 그를 괴롭혔다. 수면제 아달린과 루미날, 칼모친 등은 그의 주위에서 떠날 줄을 몰랐다. 아달린의 복용량은 상용량의 거의 배 이상을 먹었고 그래도 여의치 않으면 계속하여 한 알씩 먹곤 하였으니 무모하기 짝이 없는 환자라고 할 수 있었다. 나중에는 이 약에 대한 습관성이 생겨 효과가 없자 포수크로랄을 사용하였다. 이도 과용하기 시작하여 전신에 통증이 오고 심한 구토 증상으로 하루 걸러서 이 약을 복용하였다.

어느 날은 수면제를 얼마나 많이 먹었는지 닷새 만에 겨우 혼수상태에서 깨어났으니 알 만한 일이다. 가히 중증 수면제 중독환자라고 할 수 있었다.

사람이 일생 동안 자는 수면시간은 평균 20년 안팎이라고 한다. 일생의 3분의 1은 잠으로 보낸다고 할 수가 있다.

어린아이들은 평균 20시간을 자게 되나 성장함에 따라 점점 줄어들게 되어 어른이 되면 8시간 정도 잠을 자게 된다.

그러나 수면의 조건은 복잡하여 여러 원인으로 잠을 설치게 된다. 저녁식사를 과식했다든지 오후에 커피를 많이 들었다든지 신경이 흥분된 상태였다든지 또는 밤중에 소음이 심했다든지 하는 등이 모두 충분히 잠을 못 자게 하는 원인이 될 수 있다.

환자들은 이러한 원인적인 것은 염두에 두지 않고 우선 약부터 사 먹게 된다. 수면제를 연용(連用)하다가 습관성에 빠지게 되고 나중에는 재기불능의 비극에 빠지게 된다. 미국의 여배우 마릴린 먼로가 수면제의 과용으로 변사한 사실은 잘 알려진 일이다. 또한 일본의 노벨수상작가인 가와바타 야스나리가 평소에 수면제를 상용하고 있었는데 그것을 가스 자살과 연관시키는 정신과의사들도 있다.

생체에는 생리적 리듬인 '바이오리듬'이란 것이 있다. 이를 파괴하는 것은 곧 생명이란 우주의 조화를 깨뜨리는 것과 같다. 때문에 함부로 의사의 지시 없이 약을 복용하고 남용하는 일은 자기의 귀중한 생명을 어이없이 들녘에 팽개치는 것과 무엇이 다르리.

염상섭과 직장암(直腸癌)

사람이 병석에 누워 있을 때에는 가장 마음이 약해지는 상태라고들 말한다.

우리나라 최초의 자연주의 소설로 높이 평가를 받고 있는 횡보(橫步) 염상섭(廉想涉)의 〈청개구리〉.

그의 단편 〈임종〉에서도 칼날 같은 관찰력으로 환자와 그를 둘러싸고 있는 세인들의 관계를 잘 나타냈다.

"가장을 잃으면 어린것들과 노후에 방황하겠다고 애를 부덩부덩 쓰고 지성껏 병구완을 하던 것도 아직 든든한 생활력이 남아 있고 그래도 회춘할 일부의 희망이 있는 동안이었다. 산 사람이나 당장 내일부터라도 먹고 살아야지 하는 태산 같은 걱정이 앞을 가리니 다만 남는 것은 인연이라든지 의리나 체면뿐이었다. 그러나 앓는 사람은 그럴수록 동정과 애정과 사람의 성의에 매달리거나 애원하는 것이요, 역정을 내는 것이다."

환자들의 심리와 가족들의 심리를 자로 재듯 군소리 없이 표현한 감명 깊은 단편소설이다.

작가 자신도 오랜 신병으로 무척이나 고생을 하다가 타계한 사람이다.

그가 병석에 누워 있을 때 흰 국화 향기가 그립다고 늘 말해 왔는데 그의 생애의 대부분을 국화처럼 고결하게 살다 간 횡보가 운명한 것은 나이 66세 되던 해 3월 14일(1963년) 성북동 그의 집에서였다.

가난한 문인이었기 때문에 발병하여서도, 변변한 치료를 받지 못하다가 작고하기 4일 전에야 메디컬센터에 무료환자로 겨우 입원하게 되었다.

결과는 직장암. 이미 수술하기에는 너무 늦었다는 주치의의 말이었다. 암세포의 전이가 신체의 각 장기에 널리 퍼져 나갔기 때문에 도저히 회생불능이라는 말에 어쩔 수 없이 퇴원하여 그의 자택에서 생애를 마친 것이다.

횡보의 병력에는 특별한 것이 없었으나 젊은 시절에 고환염으로 고생하였다고 한다.

그의 직장암의 발병 시초는 그저 막연했다. 어느 날 살며시 침입하는 병의 속성처럼 평소에 변비가 약간 있는데 설사가 잦기 시작했다. 며칠 동안은 변이 정상으로 나오다가 설사를 하다가 하여 생활습관에서 오는 것이려니 하고 대수롭지 않게 생각하였다. 그 후에는 아랫배가 아프기 시작하다가 조금 지나면 통증이 가라앉곤 하였다. 본인이나 주위에서도 장이 좀 안 좋으려니 하고 가볍게 여겼고 병원에서도 마찬가지였다.

그러다가 드디어 변에 피가 조금씩 묻어나오기 시작한 것이다. 이리저리 주선하여 병원에 입원하였으나 수술이나 방사선 요법 등 어느 치료 방법으로도 도저히 불가능하여진 것이다.

이리하여 이 땅에서 최초의 본격적인 자연주의 문학을 발굴하는 데 독보적 존재였던 횡보도 그의 생애를 암으로 끝맺음하고 만 것이다.

직장암도 대부분의 대장암에서와 같이 잠혈이나 배변 습관의 변화나 갑자기 체중이 뚜렷하게 줄어들거나 하는 증상이 앞선다는 외과의사들의 지적이다. 그들의 얘기로는 수지진(手指診)이나 항문 S상결장경검사법(S狀結腸鏡檢査法)을 병용하면 60% 이상에서 직장암 진단을 내릴 수가 있다고 한다. 다시 말하면 직장에 조그마한 응어리가 만져지는 수가 많다는 얘기다.

어떠한 경우에도 지조와 신념을 잃지 않았고 가난과 싸우면서도 뜻을 굽힘없이 가시밭길의 정도를 걸어간 횡보의 일생은 지금 사람들에게 다시 한 번 자신의 삶의 자세를 돌이켜보게 만든다. 감동을 불러일으키지 못하는 한 사람들의 생애란 분명히 비극일 수밖에 없다.

공초(空超)와 담배

한국인의 일반적인 표상은 무엇일까?

제 나름대로 여러 경우를 들 수 있겠지만 그중에도 장죽(長竹)을 물고 하늘로 올라가는 담배연기를 바라보며 상념에 잠긴 노인의 유유자적하는 모습 또한 빠뜨릴 수 없으리라.

오랜 역사를 자랑하는 우리는 '호랑이 담배 먹던 시절'이라고 하면 고구려나 고려시대의 아득한 때를 연상하기 십상이나 한국산 호랑이가 담배맛을 안 것은(?) 불과 3,4백 년 저쪽밖에 되지 않는다.

임진왜란 때 일본군에 의해서 들어왔다고 하며 또는 광해군 6년에 저술된 이수광의 《지봉유설(芝峰類說)》에는 담파고(淡婆姑, 담배)가 왜국으로부터 수입된 것이라 하였으니 하여튼 선조부터 광해군 초에 들어왔다는 것이 정설인 것 같다.

남영초(南靈草)라고도 불리던 담배의 어원은 '토바코'에서 유래한다. 타바코, 타복, 탐복과 같은 말이 담배와 더불어 모두 토바코의 변형어로서 세계 여러 나라에서 사용되고 있다.

담배의 원산지는 중남미라고 알려져 있는데 유럽으로는 콜럼버스에 의해서 전해졌고 1560년 비로소 씨앗이 도입되었다고 한다. 동양에는 17세기에 들어왔으며 스페인 사람들과 포르투갈인들에 의하여 일본까지 전해진 것이다.

흡연이 오늘날 문제가 되고 있는 이유는 폐암이나 상기도암(上氣道癌), 심지어는 방광암의 발병과도 밀접한 관련이 있음이 입증되었기 때문이다.

1929년 영국의 리키톤이 〈폐암의 원인으로서의 흡연〉이라는 논문을 발표하였으나 당시에는 아무도 거들떠보지 않았다. 1930년대에 이르자 영국, 미국에서 이들 환자가 급격히 늘어나기 시작했다. 18만 명을 대상으로 조사한 결과 흡연과의 관계를 발견하였으나 1952년에 비로소 공적인 인정을 받기에 이르렀다. 그러나 갑론을박을 거듭한 끝에 66년에 시거리트의 포장에 "주의, 흡연은 당신의 건강을 해칠 수가 있다"라고 기재하게 되었다.

흡연의 폐암 발생설의 근거로는 흡연자 중에 폐암 환자가 많았다는 통계적 근거, 해부 결과 흡연자의 폐가 훨씬 거칠었다는 해부학적 근거, 그리고 담배연기에서 발암물질이 검출되었다는 근거 등에 의한다.

처칠과 같은 사람도 줄담배를 피웠으나 장수하지 않았느냐고 기를 쓰는 애연가도 있을 테지만 처칠의 분신이 수없이 많지만은 않을 것이다.

세계적인 애연가로 이름 있던 우리나라의 공초(空超) 오상순

(吳相淳) 시인. 평소 호주머니에 자기가 피우는 140개비의 담배와 다른 사람에게 권할 60개 정도를 항상 지니고 있어야만 안심했던 그였다. 담배는 시인의 삶의 척도였고 가치였다.

수주(樹州)는 그를 평하여 "건물상(乾物商)의 자로는 잴 수 없는 사람이다"라고 하였다. 과연 흡연으로 세계를 제패한 공초도 후두(喉頭)에 조그마한 종양이 생겼다. 당시에 안국동에서 개업하고 있던 '정기섭 이비인후과 의원' 이층에서 기거하고 있던 그는 정박사로부터 만성후두염(慢性喉頭炎) 증세가 있으니 담배를 끊으라는 권고를 받고 일주일간을 금연하였다. 그가 흡연을 시작한 후로 이 일주일이 유일하게 담배를 피우지 않은 기간이었을 것이다. 만성기관지염으로 발전했던 병세는 드디어 기관지성 폐렴으로 되어 70세 되던 해에 타계하고 말았다. 초선(草仙)이라고 불리던 그도 그의 허무주의적인 시상(詩想)과 함께 담배연기와 같은 덧없는 인생을 살다 간 것이다. 애연가들이야말로 철학적 자질을 지닌 사람이 많다고들 한다. 때문에 공중으로 흩어지는 담배연기를 바라보며 즐기는 그들을 보면 덩달아 기분이 좋으련만 때로는 죽음의 연기 같아 오싹해지는 것은 어인 까닭일까.

가스중독된 순애보(殉愛譜)

머드스키퍼라는 물고기가 있다. 이는 지느러미를 이용하여 나뭇가지로 기어올라가 공중에서도 숨을 쉴 수 있는 특별한 아가미를 가지고 있다. 그 아가미에는 공기와 물의 혼합물이 저장되어 공중에서도 오랫동안 숨을 쉬게 된다.

그러나 사람은 파스칼의 말을 빌릴 것도 없이 한 방울의 물, 그리고 작은 기포 하나가 치명적일 수가 있다. 공기중에 포함된 겨우 0.1%의 일산화탄소를 한 시간만 흡입하면 죽음을 맞이하게 된다. 그러고 보면 한 물고기의 자연에 대한 적응력에도 도저히 미치지 못하는 가냘픈 존재가 바로 인간이 아닐 수 없다.

에밀 졸라는 19세기 프랑스의 인기 소설가였다.

〈나나〉, 〈루공 마까르총서〉와 같은 대작으로 대중의 열렬한 호응을 얻었고 타고난 정열과 사교성으로 파리 사교계에서 명성을 드날리고 있었다.

그가 49세 되던 해 유명한 '드레퓌스 사건'이 일어났는데 정의한(正義漢)이던 그는 용감히 들고 일어나 "나는 탄핵한다"라는 명문의 공개장을 냈는데 이로 인해 영국으로 망명까지 하게 된다.

당대의 풍운아였으며 명사였던 그는 1902년 9월 29일, 가스 중독으로 어이없게 죽고 말았다. 침실에서 잠이 든 사이에 가스가 누출되어 그의 생명을 앗아간 버린 것이다. 아침에 발견된 그의 주검 앞에 가족은 물론이고 프랑스의 모든 사람들이 망연 자실하였다고 한다. 가스를 처음 이용한 사람은 중국인이었다. 기원전 9백 년게 이미 천연가스를 참대 대롱에 넣어 옮겨서 이를 조명하는 데 이용했다고 하니 가히 빛은 동방에서부터라고 말할 수 있겠다. 그러나 이를 실용화한 사람은 영국사람 머독이었으며 1812년에 비로소 대중에게 보급되기 시작했다.

졸라의 시대에는 가스가 난방과 조명으로 상당히 보급되고 있었는데 주의부족으로 참변을 당한 것이다.

26세 때 〈매일신보〉 현상모집에 순애보를 응모하여 당선, 일약 문명(文名)을 날렸던 박계주, 한국판 러브스토리는 청춘남녀의 누선(淚腺)깨나 자극하였다. 1962년 동아일보에 〈여수〉를 연재중에 필화사건으로 집필은 중단되었고 엎친 데 덮친 격으로 다음해 5월 집에서 연탄가스 중독에 빠지고 말았다. 거의 만 3년간이나 기동 불능에 과거를 잊어버린 식물인간이 된 것이다. 중간에 어느 정도 회복의 희망을 불러일으켰으나 결국 54세 되던 4월 7일에 타계하고 말았다.

흡입 공기중에 일산화탄소가 0.01% 정도면 증상 없이 그대로 넘어가나 0.05% 정도를 한 시간 들이마시면 가벼운 두통과 현기증이 뒤따른다. 일산화탄소가 혈액 중의 헤모글로빈과 결합하여 탄화 헤모글로빈이 되면서 신체의 각 조직에 산소공급의 감소를 일으키게 된다. 따라서 뇌, 심장, 간, 피부, 신장, 혈액 등에 여러 영향을 미치게 된다.

가스중독은 일찍 발견하여 신선한 외기를 들이마시게 하고 지체 없이 고압산소요법을 받게 하는 것이 첩경이다. 일산화탄소와 헤모글로빈과의 친화력은 산소에 비해 거의 300배에 가깝다. 따라서 고압산소를 적시에 공급하여 빨리 헤모글로빈과의 결합을 떼어주어야 한다.

근래에 주부들이 두통과 어지러움증을 호소하는 일이 잦아졌다고 의사들은 걱정한다. 연탄가스가 가득차 있는 부엌에서 일하는 시간이 많은 우리 주부들에게 혹시 만성중독 현상이 초래되지는 않을지 걱정이다. 가스중독은 회복된 후에도 파킨슨씨병, 말초신경염, 신경증 등의 후유증을 남기는 수가 있다. 사신(死神)의 가스를 등뒤로 깔고 태연히 살아가는 한국인의 무신경에 놀라서 도망칠 가스는 아직 발명이 안 된 것이 우리의 현실이다.

성북동 비둘기와 뇌일혈

〈성북동 비둘기〉의 이산 김광섭 시인이 오랫동안 중풍으로 고생하다 타계한 얘기는 많은 감동을 안겨준다.

다난했던 일생의 후반에 그는 뇌일혈로 쓰러져 서울 성북동에 자리잡은 자택에서 투병생활을 계속하였다. 그러나 그는 생명의 유한함을 절실하게 깨달으며 시작(詩作)에 몰두했다. 참으로 쓰지 않으면 안 되었다는 그의 고백은 한 인간의 최후의 등불인 것 같아 세인의 눈에 눈물이 어른거리게 만든다.

그가 가고 없는 지금 〈너 하나 나 하나는 어디서 무엇이 되어 다시 만나랴〉라는 그의 시구처럼 쓸쓸하기 그지없을 뿐이다.

헤아릴 길 없이 많은 인고를 필요로 하는 병이 바로 뇌일혈이다. 거동을 못 하는 신체적 부자유는 말할 것 없고 폐쇄된 생활에서 오는 정신적인 공허는 쉽사리 메울 수가 없다.

이 병이 처음으로 발병했을 때 환자의 거의 50%는 사망한다고 한다. 더군다나 나이가 들수록 사망률은 높아져 70세 이상이면 60~70% 이상이 죽게 되어 있으니 무서운 병이 아닐 수 없다.

18세기 스웨덴 출신의 식물학자 린네는 그의 식물에 대한 분류 체계의 완성으로 세계적인 대학자가 된 사람이다.

구두 방직공이 되기를 소원했던 부모의 뜻을 어기고 그는 식물학을 공부했다. 또한 의사가 되기 위해 의과대학에 들어가게 되어 천신만고 끝에 의사 자격을 획득하여 한때 병원을 개업했다.

그가 뇌일혈을 앓게 된 것은 57세였다. 당시 용케 죽음을 면한 그의 앞길에는 무시무시한 인고를 필요로 하는 투병생활이 기다리고 있었다.

그러나 14년간의 투병 끝에 이 병의 재발로 인해 오른편의 자유를 잃은 채 파란만장한 그의 생애를 끝낸다.

향년 71세.

요즈음 어쩐 일인지 이 병으로 죽는 사람이 부쩍 늘었다. 한창 인생의 원숙기에 접어들어 일할 나이가 된 사람들이 급사를 했다고 하면 으레 이 병이니, 당뇨병과 암과 더불어 3대 성인병임에는 틀림없는 것 같다.

주로 중풍이라 불리는 이 병은 뇌의 혈관에 종죽상경화증(腫竹狀硬化症)이 일어나거나 혈관벽에 초자질이 침착하거나 섬유성의 비후(肥厚)가 일어나면 혈관 내벽이 좁아짐으로써 빈혈성 위축 또는 출혈이나 색전증을 가져오게 된다.

아무튼 몸에 지방질이 많다든지 혈압이 높다든지 하면 이 병의 발생요인을 훨씬 높여주는 것이니 경계할 노릇이다.

우리나라 농민문학의 선구자였던 이무영(李無影) 또한 53세의 한창 나이에 이 병으로 생애를 끝낸다. 작가로서 원숙기에 접어들어 좋은 작품의 집필을 기대했는데 그의 급서는 애석한 일이었다.

　성인병의 대부분이 마찬가지지만 이 병도 사회적으로 또는 한 가정의 가장으로서의 지위가 굳게 될 때 갑자기 찾아든다는 데 사회의학적인 문제의 심각성이 있다.

　광주의 알려진 새벽 산책길인 작고개를 오르는 길에 지팡이 든 50대 이후의 분들이 많이 눈에 띈다. 그분들은 젊은 사람들을 볼 때마다

"여보, 젊은이, 운동 많이 하시오. 운동을….."
하고 말씀하신다.

　오래 산다는 것은 인생의 더할 나위 없이 귀중한 의무이다.

　다시 태어나 다시 만나는 것 이상으로 이승에서 얼마나 다하지 못한 말들이 많은가, 우리들은.

투르게네프와 통풍(痛風)

러시아의 추위와 황량한 들녘은 사람들에게 더 한층 고독과 생에 대한 처절한 투쟁의식을 안겨주는 걸까.

러시아 문학가들의 작품들이 일제시대에 우리나라 지식인들 사이에서 한 세대를 풍미하던 때가 있었다. 도스토예프스키, 톨스토이와 더불어 러시아의 3대 문호로 알려진 투르게네프. 그는 〈부자〉, 〈첫사랑〉 등의 소설로 잘 알려져 있는데 그의 생애도 결코 순탄한 편은 못 되었다.

귀족 집안에서 태어난 그가 보았던 것은 당시 러시아 귀족들의 허영과 사치스런 생활 그리고 농노들의 비참한 모습이었다.

이리하여 그는 농노들의 생활을 묘사하고 이들의 편을 들다가 관료들의 미움을 받게 되어 조국을 떠나 프랑스에서 말년을 보내게 되었다.

그를 괴롭힌 것은 향수와 더불어 52세에 생긴 심한 통풍(痛風)이었다. 이 병은 우리나라에서도 더러 볼 수 있는 관절염의 일종으로 요산(尿酸)의 대사이상으로 생기는데 피 중에 요산의 양이 많아져서 오줌에 많은 양이 섞여 나오게 된다. 발가락, 무릎, 관절 등에 백묵 같은 종창이 오는데 심한 통증 때문에 환자가 큰 고통을 받게 된다.

투르게네프가 통풍에 걸려 고생을 하면서도 58세에 완성한 〈처녀지〉는 또 하나의 걸작이다. 그 이후에 투르게네프는 작품다운 작품을 쓰지 못했다. 그가 문단에서 아주 은퇴까지 하려고 했던 것은 작가로서의 슬럼프와 악화되기 시작한 건강이 큰 이유였다.

투르게네프의 사인은 공식적으로는 척수암(脊髓癌)이었다. 당시 의료계에서는 통풍의 진행으로 인하여 암이 발생했다고 생각하고 있었다. 통풍을 앓기 시작한 13년 후 향년 65세로 파리 교외의 별장에서 아무도 돌보는 사람 없는 가운데 고독하게 그의 생애를 마쳤다. 그가 죽은 후 조국 러시아에서의 장례식은 굉장했다고 한다.

통풍은 일찍이 기원전 1500년부터 이집트의 파피루스에 기재되어 있었고 히포크라테스는 이를 '포대그라'라고 불렀다. 그러나 이 병의 특징인 발가락, 무릎 등의 관절 부위에 결절이 생기고 심한 통증이 오는 등의 임상적인 증상을 구체적으로 얘기한 사람은 바로 중세기의 갈렌이었다. 1683년에 유명한 토머스 시데넘에 의해서 발생기전이 발표되었고 교과서에 오르게 되었다. 이 병은 전세계적으로 발생하는데 미국과 유럽 등지에는 약 0.3% 그리고 뉴질랜드의 원주민에게는 약 8%나 되는 많은 환자가 발견되고 있다.

재미있는 현상은 특히 교육을 받은 층에서 발생률이 높다는 얘기다. 또한 단백질 섭취량과도 무관하지 않다는 것이 통계학적으로 널리 알려졌다.

제2차세계대전중에는 일본인들에게 이 병의 발생이 비교적 적었으나 전후에는 거의 두 배로 환자가 급증하였다. 이 병은 단백질이 많은 여러 식품을 얼마만큼 먹느냐에 따라 발생에 차이를 가져온다고 한다.

이 병의 특효약인 콜히틴의 사용은 이미 고대 이집트 시대부터였으니 잘 알려진 병이면서도 인간의 역사와 더불어 그 운명을 같이하려는 것이 얄밉다.

통풍의 아버지라고 할 수 있는 시데넘은 "통풍은 다른 병과는 달리 가난한 사람보다 부자를, 단순한 사람보다 현명한 사람을 더 죽인다. 대왕, 황제, 장군, 제독, 철학자들은 모두 이 병으로 죽었다"고 〈뉴욕의학회〉지에 발표한 바 있다. 오호라, 그래서 가난하고 못난 사람만 먼저 죽으라는 법은 없는 모양이다. 이 또한 모두 하늘의 섭리가 아니고 무엇일까.

셜록 홈즈와 법의학(法醫學)

무더운 한여름밤.

입으로 불을 내뿜으며 새빨갛게 눈에 불을 켠 작은 송아지만 한 검은 개가 호숫가를 서성거리는 생각만 해도 몸이 오싹해진다. 물론 이 개는 닥치는 대로 사람을 물어 죽이는 무서운 동물이었다.

잇달아 발생하는 살인사건을 해결하기 위해 명탐정 셜록 홈즈가 등장한다. 뛰어난 추리력과 의학 지식을 토대로 사건의 실마리는 척척 풀려나가게 된다.

코난 도일의 〈바스커빌의 개〉에서 느끼는 으스스한 밤의 분위기 묘사와 사건의 전개는 진정 추리소설의 일품에 속한다. 셜록 홈즈가 아무리 뛰어난 추리력의 소유자라고 해도 법의학적인 지식 없이는 범죄의 해결은 불가능한 일이다.

현대사회의 고민 중의 하나가 늘어가기만 하는 범죄, 그것도 더욱 지능화하고 난폭해지는 양상 때문에 문제가 심각해지고 있다. 더군다나 매스컴에 의한 의학적 지식의 대중화는 이런 현상에 촉매 역할까지 하고 있다.

그중에서도 독물질에 대한 지식이 거의 상식화되고 무기와 약품의 구입이 더욱 용이해짐에 따라 범죄의 발생률은 급증하고 있는 추세다.

따라서 지능화하는 범죄에 비례해 법의학도 나날이 그 발전의 속도가 빨라지고 있다.

코난 도일은 본래 의사였다. 그는 의사가 된 후 포경선의 선의(船醫) 노릇을 하다가 포츠머스에서 병원을 차렸다고 한다. 그러나 어쩐 일인지 수입이 신통치 않았던 것 같다. 무료함을 달래기 위해 쓴 추리소설이 점차 인기를 더해가자 나중에는 주인공 셜록 홈즈가 작가의 이름을 압도하게 된다.

같은 추리소설 중에서도 르블랑의 〈아르센 뤼팽〉이 행동파이고 좀 허황한 면이 있는 데 반해서 셜록 홈즈는 냉정하고 과학적인 사고의 소유자였다. 역시 작가의 직업에서 오는 성격의 차이다.

우리나라의 법의학 발달에 대한 문헌은 아주 희귀하기 때문에 자세히 알 길이 없으나 고려시대는 중국오대(中國五代)의 화응(和凝) 및 몽이 찬(撰)한 《의옥집(疑獄集)》에 주로 의존했다고 한다. 《고려사》에는 살인죄를 범한 자는 모든 찰옥관(察獄官)이 먼저 다섯 번을 듣고 여러 증거를 보강하게 하였으며 인명치사(人命致死)에 관한 단옥(斷獄)은 삼심제로서 신중히 취급하였다.

그러나 문헌상으로 사건이 발생하였을 때 검시의 제도를 직접적으로 실시한 것은 세종대왕 때였다.

세종 2월에 검시의 문안을 작성할 때에는 《무원록(無寃錄)》의 예에 따라서 하도록 하였는데 이 책은 원나라의 무종(武宗) 때 왕여가 편성한 책이었다.

세종은 이 책을 토대로 《신무원록(新無寃錄)》을 만들어 사용하게 하였으니 우리나라에 근대적인 개념의 법의학을 체계화시킨 것은 세종의 공로라고 할 수 있겠다. 일본 에도(江戸) 시대의 법의학적 재판에 관한 검시의 지식은 주로 우리나라의 《신주무원록(新註無寃錄)》을 그대로 번역하여 사용했던 것 같다.

근대의학이 우리나라에 전래되기 시작한 것은 병자수호조약(丙子修好條約)에 따라 공공연하게 되었다. 일본인들이 걸핏하면 신의학을 우리나라에 전한 공로는 오로지 자기들에 있다고 뽐내지만 따지고 보면 법의학적 분야는 오히려 그들이 배워간 것이 많았다.

《신무원록》의 내용은 오늘날 법의학적 체제를 그대로 나타내는 데 별로 손색이 없다. 아무 단서를 못 잡아 오리무중인 사건에 머리털 하나, 지문 하나가 결정적인 경우가 많다. 이러고 보면 의학은 법과 정의의 편에 서서 투쟁하는 일면도 지녔다고 하면 지나치게 아전인수적 발상일까.

랭보와 종기(腫氣)

 기존의 전통과 관습조차 그 앞에서는 아무런 위력이 없었다. 철저히 이들을 비웃고 모멸하였던 랭보. 19세기말에 있어서 말라르메, 베를렌과 더불어 상징파의 3대 시인으로 평가받았던 그였다.
 17세에 벌써 비범한 시재를 보여주었고 19세에는 절필을 선언하고 그의 원고뭉치를 불태워버리고 방랑의 길에 올랐다.
 37세의 짧은 생애를 타오르는 불꽃처럼 연소시켰던 랭보가 베를렌과 동성애에 빠졌던 일은 유명하다. 천재들에게는 다소의 기벽이 있는 법. 그러나 베를렌이 권총으로 그를 쏜 후에 두 사람의 관계는 끊어지고 말았다.
 문명이라는 것과 가식과 허위에 찬 문명인이라는 허수아비들에게 혐오감을 느끼고 철저히 이들을 배격했다. 사회, 역사, 종교, 진보, 정의 심지어 사랑조차도 기존의 관념들에 도전했던 반역아였다.
 시작을 일찍이 팽개친 그는 영국, 독일, 이탈리아를 돌아다니다가 이집트로 건너가 드디어 무역상이 되었다. 10여 년 간의 이러한 생활 끝에 고국에 돌아오자 하지에 종기에 생겼다. 처음에는 열대지방에서 생활했기 때문에 오는 가벼운 화농성질환이려니 여겼는데 점점 악화되어 마르세유의 병원에 입원하여 치료를 받았다. 그러나 끝내 패혈증(敗血症)으로 그의 질풍노도의 일생을 끝냈다. 천재의 죽음치고는 너무 어처구니없는 것이었다.

우리나라의 이상(李霜) 또한 랭보와 비슷한 생애를 살았다고 하나 임종시에 레몬의 향기를 맡고 싶다고 했던 그는 인절미, 식혜와 같은 한국인의 체취가 물씬 나는 음식들을 먹고 싶어했다. 그의 생애 26세 7개월. 랭보에 비해 10년이나 짧게 살다 폐결핵으로 눈을 감았다.

랭보가 기존의 모든 것을 철저히 배격한 반면에 이상의 핏속에는 그래도 전통적인 것에 대한 다소의 향수가 깃들어 있음을 보여주고 있다. 그것은 식민지인과 자주민으로서의 의식의 변화 차이 때문이 아니었나 싶다.

종기에 대해서는 우리나라에서도 일찍부터 그 치료방법이 많이 연구되어 시행되고 있었다.

조선 때 들어와 성종 16년 《경국대전》에는 치종전문의(治腫專門醫)의 필요성을 얘기하고 있었다. 종기만은 전문으로 다스리는 의원이 필요했던 걸 보아도 종기가 환자진료에 있어서 큰 몫을 차지함을 알 수 있다.

특히 임진왜란이 일어나자 수많은 전상자의 발생에 뒤따라 종기환자가 급증하여 종기청을 다시 정비하여 환자들을 돌보게 하였다. 종기청에는 전의감과 교수 한 사람을 두게 하였다.

효종은 등에 난 종기로 인하여 북벌이라는 필생의 한맺힌 웅지가 꺾이어 죽고 말았다.

전문의 제도가 미국식 의료제도의 도입으로만 알려지고 있으나 실상은 우리나라에서도 이런 제도가 진작부터 있었음을 알 수가 있다.

치종의(治腫醫) 중에도 명종 때의 임언국(任彦國)이 유명하였다. 금산에서 간행했던 치종비방(治腫秘方)에는 화정(火丁), 석정(石丁), 수정(水丁), 마정(麻丁), 루정의 오정(五丁)에 대해서도 증상과 치료 방법을 말하고 있는데 현재에도 이용되고 있는 소금목욕법 등이 실려 있다. 또한 대담하게도 관혈요법(觀血療法)을 얘기한 것으로 보아 그야말로 한국 외과 분야의 두드러진 선인이라고 할 수 있을 것 같다.

대반역아 랭보도 하찮게 생각한 종기에는 거역할 수 없었다. 그래서 바이런은 "운명이란 것이 사람의 웃음거리로 생각될 때 인간은 운명의 노리개다"라고 외쳤다. 운명에 거역할 수 없었던 인간이었기 때문에 우리들은 랭보를 사랑한다.

헤밍웨이와 인후통(咽喉痛)

용기란 현대인에게 어떤 의미를 갖는가?

시대의 흐름에 따라 퇴색되어 버리고 있는 '용기'란 말을 가장 긍정적으로 옹호하였고 이를 스스로 보여주었으며 용기가 최상급의 덕성임을 많은 사람들에게 몸소 가르쳐주었던 사람이 있다.

어네스트 헤밍웨이. 노벨문학상을 수상한 그가 1961년 7월 2일에 애용하고 있던 엽총으로 자살을 했을 때 사람들은 놀랐다. 영혼에 배반하기 시작하는 육체에 대한 스스로의 의지를 보여주는 행동이라고 세인들은 떠들었으나 그의 죽음은 킬리만자로의 눈 속에 죽어 있는 표범의 의문처럼 아무도 모를 일이다.

헤밍웨이처럼 어려서부터 이비인후과 의사와 밀접했던 사람도 많지 않았을 것이다. 그는 유년시절에 심부름을 다녀오다 넘어지는 바람에 단장(短杖)이 목구멍으로 들어가 양쪽 편도선의 일부가 떨어져나가고 말았다. 편도선 자체는 임파조직이 모여 있는 기관으로서 없어지더라도 인체에 크게 해로운 것은 아니나 그 일이 있은 후로는 인후통으로 평생 고생을 하였다.

고등학교 시절에 여러 번 인후통 증상으로 치료를 받았는데, 부친의 의과대학 동창이었던 이비인후과 전문의인 닥터 웨즐리, 해밀턴 페크에게서 편도선 절제수술을 받았다.

수술 직후에 심한 인후감염을 일으키고 말았다. 감염에 대한 항생제와 같은 충분한 약물이 없었던 당시에 편도선 수술로 인한 감염증으로 많은 환자가 고생을 하거나 사망까지 하였다.

오늘날에 있어서도 편도선 절제와 같은 수술은 과다출혈이나 세균감염을 가져오는 일이 종종 있기 때문에 이비인후과 의사들도 신경을 많이 쓰는 수술인데 일반 대중은 이 수술 자체를 너무 쉽게 생각하고 있는 것 같다.

심지어는 손등에 붙어 있는 사마귀 떼듯 가볍게 여기는 사람들을 보면 어처구니없다는 한탄이 절로 나온다. 헤밍웨이의 편도선 수술은 그 후 40여 년에 걸쳐 오페라 가수 이상으로 인후통의 고생을 맛보게 하였다. 인후통이라 불리는 병 자체는 여러 가지 세균이나 바이러스의 감염으로 초래되나 보통은 용혈성 연쇄상구균에 의해 갑자기 목구멍에 통증이 오며 때로는 아이들에 있어서 복통과 구토가 동반하는 수가 있다. 또한 일반적인 증상으로 전신쇠약감, 두통 등의 증세가 뒤따르게 된다.

목 안을 들여다보면 발상을 나타내거나 약간의 부종을 나타낼 뿐 아니라 목 밑의 경부 임파선을 누르게 되면 압통을 가져온다.

열은 그다지 높지 않아 보통 중등도(中等度)의 열을 나타내는 병의 하나인 인후염의 합병증으로 편도주위염이나 류머티스열,

급성사구체 신염과 같은 콩팥질환이 오는 수도 있다. 때문에 목 안이 쑤시고 아플 때에는 흔히 단순한 목감기려니 하고 소홀히 하는 경우가 많은데 일단 의사에게 진찰을 받아보는 것이 현명한 방법이 아닐까 한다.

한 생애를 통하여 어떤 병과의 인연은 거의 숙명적이긴 하나 헤밍웨이처럼 거의 종신병이었던 인후통 이외에도 극도의 근시와 불면증 그리고 전장에서 입은 파편상으로 인한 통증, 여행과 집필생활로 인한 긴장감 때문에 얻은 고혈압과 아메바성 이질 같은 여러 질환에 시달린 사람도 많지는 않을 것이다. 그의 부친 역시 권총 자살을 하였으니 어떠한 정신적인 질환의 유무도 그의 작가론에서는 결코 소홀히 넘길 수 없으리라 여겨진다.

도스토예프스키와 간질

한 위대한 작가의 전생애를 통한 수많은 병이 그 작가의 성품이나 작품에 얼마나 영향을 끼쳤는가를 정확히 파헤친다는 일은 참으로 어려운 일이 아닐 수 없다.

오늘날 많이 논의되고 있는 정신신체증이나 심층심리학과 같은 여러 방법에 의해 이들 병이 예술가의 활동에 끼친 영향을 여러 모로 분석하려는 시도를 하고 있지만 아직 만족할 만한 성과를 얻지 못하는 경우가 많다.

〈죄와 벌〉, 〈카라마조프의 형제〉같이 소설 중의 소설인 위대한 작품을 쓴 러시아의 작가 도스토예프스키에 있어서도 예외가 아니다.

이 작가의 생애에 대한 여러 연구서가 나와 있으나 그가 앓았던 간질의 최초 발작 원인과 심지어는 발작의 증상이 꼭 간질이었던가 하는 회의감은 지금도 완전히 해결되지 못한 상태다.

정신분석학의 태두 프로이트는 1929년 7월의 《리얼리스트》지에서 도스토예프스키의 간질 발작의 시초는 그의 아버지가 농노의 반감을 불러일으켜 피살된 것이 그 원인이었다고 주장하였다.

이러한 설은 임상에서 직접 진료를 담당하였던 의사의 의견은 아니었고 여러 문헌의 조사 결과로 추정되는 결론이니 이런 주장에 선뜻 동조하기에는 문제가 있다.

프로이트가 주장했던 아버지의 피살과 간질 발생의 상관관계는 1921년에 도스토예프스키의 유일한 혈육이었던 딸이 독일에서 출간한 책을 검토한 결과 알아냈다고 한다. 그러나 도스토예프스키 딸의 회고록에 나오는 "우리 집안에서 전해 오는 말로는 아버지가 간질을 처음 일으킨 것은 할아버지가 돌아가셨다는 소식을 처음 전해듣고 나서였다"라고 쓰고 있으나 작가가 그의 형 미하일에게 보낸 편지에는,

"신경이 어지러운 탓으로 간질이 발작했습니다. 그러나 자주 일어나지는 않습니다"라고 말하고 있었고, 같은 해의 다른 편지에도 "제 병에 대해서는 이미 말씀드린 적이 있습니다만, 간질과 흡사한 발작이었으나 간질은 아닙니다"라고 간질에 대해 강한 부정을 하고 있었다.

그러나 3년 후 친구 브랑겔에게 쓴 편지에는 "의사는 내가 진짜로 간질에 걸렸다고 말한다"라고 시베리아의 유형지에서 보내왔다.

그의 간질발작의 유인이 어디 있었는지는 지금도 왈가왈부되고 있으나 최초의 발작으로부터 8, 9년이 지난 후에 발작을 계속 일으킴으로써 간질의 발병은 확실해지는 듯했다.

지금도 도스토예프스키 연구가들은 그의 가계를 거슬러올라

가 조상 중에 간질에 걸렸던 사람이 있었는지 없었는지를 찾는데 혈안이 되어 있는데 그것은 무모한 일이 아닐까 한다. 오늘날에 있어서도 이 병의 유전적인 상관관계가 아직 정립되어 있지 않기 때문이다.

실상 이 작가를 거의 일생 동안 끊임없이 괴롭혔던 병은 신경증과 치질이었다.

그의 정신상태는 조울증 환자처럼 극단적인 쾌활함과 극단적인 침울의 반복이었다. 그의 친구였던 의사 야노프스키에 의하면 불규칙한 맥박과 신경성 두통으로 괴로워했다고 한다.

그의 간질발작이 오늘날 많이 목격되는 히스테리 환자에게서 나타나는 히스테리성 발작과는 엄연히 구별되어야 하고 의학적인 측면에서 더욱 많은 연구가 필요한 일이 아닐 수 없다.

이러한 연구의 필요성은 그가 너무 위대하고 진정한 '인간'이었기 때문이다.

오스카 와일드와 뇌막염

우리 속담에 "병은 자랑할수록 좋다"는 말이 있다.

근래에는 병에 대한 지식이 비교적 널리 보급되어 설사병에 걸리게 되더라도 개방적이 되어 "내 병은 이런데 어디 용한 약이나 의사 선생 모르시오?" 하고 주위 사람들에게 수소문하는 수가 많지만 옛날에야 일단 난치병에 걸렸다고 하면 남이 알세라 쉬쉬하고 감추려 들었다. 병을 천형으로 생각했던 것은 동양인이나 서양인이나 크게 다르지 않았다.

고대 유태인들 역시 병은 하느님의 징벌의 표지라고 생각하고 있었는데, 그렇다고 당시에 병에 걸렸을 때 기도만 하였던 것은 아닌 것 같다. '아더'왕 같은 사람은 동통을 견디다 못해 의사를 불렀다는 기록이 남겨져 있다. 그러나 병의 원인과 치료 방법이 잘 알려지지 않았던 옛날에는 응당 본인이나 가족들이 숨기려 들었을 것이다. 하늘의 저주에 의해서 병을 얻었다는 소리를 듣지 않기 위해서였다.

역사가 헤로도토스에 의하면 바빌로니아인들처럼 병에 대해서 개방적인 사람들도 드물었다고 한다. 예를 들면 환자는 사람이 들끓는 시장 모퉁이에 앉아 있다가 지나가는 사람들이 그에게 질문을 하면 대답을 하곤 한다. 그러다가 전에 그 병을 앓았다가 치유된 사람을 만나게 되면 그 사람은 "당신의 병은 이러이러한 방법으로 치료를 해야만 나을 거요" 하고 일러주었다는 것이다. 병은 남에게 자랑할수록 쉽게 치료된다는 이치를 일찍이 깨달은 사람들의 얘기다. 몽테뉴는 이를 가리켜 "바빌로니아인들 전체가 모두 의사였다고 하는 이 사실은… 놀랄 만하다"라고 감탄하였다. 오스카 와일드라고 하면 그의 희곡 〈살로메〉를 생각하게 된다. 그는 탐미주의자로 이름 높던 문인이었고 또한 방탕아였다.

벨벳 저고리, 자줏빛 반바지에 검은 명주 양말을 신고 머리에는 각모(角帽)를, 그리고 꽃 한송이를 주머니에 꽂고 런던 시가를 활보하는 그의 모습은 당시에는 화젯거리였다. 46세의 젊은 나이에 뇌막염으로 운명한 그의 최후는 쓸쓸하기 그지없었다. 당시 영국에서 유명한 외과의사였고 명사였던 아버지의 막대한 유산은 사치와 낭비로 모두 없어지고 말았다. 오스카 와일드의 뇌막염의 종류는 알 길이 없으나 그가 운명하기 몇 개월 전부터 두통과 구역질을 호소하였다 한다. 뇌막염 중에서도 결핵균으로 인한 뇌막염이 가장 경과가 나쁘다는 것은 비교적 잘 알려진 사실이다. 결핵성 뇌막염 자체를 처음으로 얘기한 사람은 소아과의사가 아닌 영국의 신경생리학자 휘트였다.

그러나 오늘날 체온을 재는 데 필수적인 수은 체온계를 처음으로 의사들에게 사용하도록 권장했던 엘리자 노드 같은 사람도 뇌막염 연구에 많은 공헌을 한 사람이다.

  세기적인 탐미주의자인 그도 진찰하러 온 의사의 손을 붙잡고 "선생님, 고통이란 이렇게 서러운 것인가요. 그러나 이런 고통을 맛본 나야말로 가장 아름답고 행복한 사람일 겁니다…"라고 하였는데 그는 역시 끝까지 탐미주의자의 으뜸이었다. 살기 위한 생명의 의지는 장엄하고 또한 한없이 아름다운 것임에는 틀림없다.

러셀과 독감

그리스 신화에 의하면 어느 날 판도라가 금단의 상자를 열어젖히자 온갖 불행과 질병의 씨앗이 세상에 퍼져 나가게 되었다고 한다.

그러나 판도라의 상자에도 담겨 있지 않던 새로운 병들이 기세를 떨치는 바람에 고전적인 질환들은 낯을 싸매고 어쩔 줄 모르게 된 것이 요즈음 세상이다.

"요사이 젊은 아이들 애기 기른 것 좀 보시오잉. 우리사 병원 문턱 한번 가본 적이 없지라우. 여보 영감."

아이를 들쳐업고 병원길을 나서는 밉직한 며느리를 흘기며 양주 간에 오가는 얘기다.

성질 급한 며느리가 있다면 금방 "어머님, 그때는 달나라에서 옥토끼가 방아 찧고 있었지만 요새야 어디 그런가요?" 하고 쫑알거릴 법도 하다.

독감도 근래에 들어와 홍콩형 독감이네 런던 독감이네 하여 국제색을 띠고 있어 영감님들은 이구동성으로 살아생전에 별

희한한 병 한번 앓아보게 되었다고 감탄(?)이다. 소련형 독감이 맹위를 떨칠 때 좋지 못한 병명을 자기 나라와 관련시켰다고 소련에서는 불평이 대단하였다고 하나 독감 명칭은 새로운 균주(菌株)가 발견되는 지역 이름을 써서 명명하는 터라 괜스레 의학자들만 욕을 먹게 마련이다. 독감은 고대부터 잘 알려진 병은 아니었고 1889년 유럽에서 큰 유행을 하여 많은 사람들이 이 병으로 죽어가자 인플루엔자라는 이름이 비로소 생긴 것이다.

이 병의 정체를 잘 모르는 당시에는 그저 두렵기만 하여 이탈리아어로 별[星], 또는 천체의 위력 등의 뜻으로 그렇게 부르게 되었다고 한다.

우리나라 고대사에 〈백제본기(百濟本紀)〉와 〈신라본기(新羅本紀)〉 그리고 〈고구려본기(高句麗本紀)〉에 역질(疫疾)의 대유행이 18회나 기술되어 있는데 그중에도 겨울이 가장 많아 9회의 대역이 있었다고 알려져 있다. 서울대학교의 김두종(金斗鍾) 박사의 해석으로는 발진티푸스나 감기와 같은 질병이 당시에 유행하지 않았나 추측하고 있다.

그러나 당시의 감모성(感冒性) 질환이 지금의 인플루엔자와 비슷했는지는 알 길이 없다.

우리나라의 3·1독립운동이 일어나기 전 해(1918년)에 전세계적으로 대유행을 한 독감은 어림잡아 2억 내지 4억만 명이 걸려 그중 약 2천 2백만 명이나 되는 수많은 사람이 희생되었다. 독감의 정체가 밝혀진 것은 지금으로부터 불과 46년밖에 되지 않는다. A형은 스미스 등에 의한 연구로 바이러스가 검출되었고 B형은 39여 년 전에 프란시스와 마길의 두 학자에 의해서 그리고 C형은 테일러에 의해서 알려졌다. 독감이 전세계에 크게 유행한 횟수는 이번 소련형까지 합하면 7회나 된다. 1962년에 케네디 대통령과 후르시초프 소련 수상 간에 벌어졌던 카리브 해상의 대결이 3차대전의 도화선이 되지 않을까 하고 가슴을 졸일 때 분연히 세계 평화를 위하여 자중할 것을 양 지도자에게 요구한 버트란트 러셀. 수학자이면서도 철학자로서의 세계적인 명성을 지닌 그도 1968년도에 크게 유행하기 시작한 홍콩형 독감의 희생자였다.

  98세의 나이가 장수임에는 틀림없으나 독감으로 인한 폐렴의 병발이 그를 사망에 이르게 하였다(1970년).

  신념과 용기 있는 이러한 지성인들의 점진적인 퇴조는 결국 우리 시대에 와서 '불확실성의 시대'라는 새로운 용어가 탄생하였고 미생물학의 발달은 새롭고 치명적인 바이러스 탄생을 가능케 한데다가 우주개발로 인한 우주 바이러스의 도입의 가능성은 인류의 생존에 대한 또 하나의 불확실성을 던져주고 있는 것 같다.

알코올중독과 오닐

술은 야누스의 얼굴처럼 양면을 지닌 신물(神物)이다. 술을 마시건 마시지 않건 간에 술에 대해서는 예로부터 한마디씩 뇌까렸다.

페놀롱은 "인류를 괴롭히려는 가장 무서운 해독의 일부는 술로부터 나온다. 그것은 병과 싸움과 소란과 게으름과 모든 불행의 원인이 바로 술이기 때문이다"라고 하였고, 리이 같은 사람은 "다른 사람이 내는 술은 황홀하고 미칠 듯이 기쁘고 이루 말할 수 없이 즐거운 일이다"라고 그의 시에서 공술의 짜릿한 황홀감을 읊었다.

윤선도 같은 이는 "잔 들고 혼자 앉아 먼 산을 바라보니/그리던 임이 오다 반가움이 이러하랴/말씀도 웃음도 아녀도 못내 좋아하노라" 하고 술을 찬미하였다.

그러나 술을 저주하는 자 또한 헤아릴 수 없이 많은 것도 사실이다. 우리 주변에 술로 건강을 해쳐 패가망신하는 경우는 다반사다.

'강낭콩같이 푸른' 논개를 읊었던 수주(樹州) 변영로(卞榮魯)도 알려진 대주가였는데 결혼 첫날밤에 낮부터 마신 술로 대취하여 큰대자로 신방에 떨어져 코를 골고 있었다. 나이 어린 신랑인 수주를 발견한 그의 손위처남 왈 "아이고, 내 누이 신세 망쳤구나" 하였다고 한다.

술꾼에는 네 부류가 있다. 돌격파, 감상파, 애주파, 공포파. 이 중 돌격파는 무턱대고 마셔대는 고래 같은 술꾼이고, 감상파는 술을 삶의 안주로 삼는 사람이다. 그러나 공포파는 내 건강을 좀먹으려는 저 무서운 술 좀 봐라 하고 술상에 앉아 가슴을 죄는 사람이다.

그중에서도 알코올중독과 밀접한 형은 바로 돌격파다. 기쁨도 한도 모두 술에다 쏟아내려는 듯이 마셔대는 버릇은 수십 년이 지나면 어쩔 수 없이 중독자가 되어버리게 마련이다.

20세기 미국 최고의 극작가라고 일컫는 유진 오닐. 회사 서기, 금광탐색가, 얼치기 연극배우 등의 수많은 직업을 전전하며 드디어 알코올중독까지 되었던 젊은 날의 오닐이었다. 매일 곤드레만드레 만취되어 거의 일도 하지 않고 술만 마셔 폐인 상태에 이르렀는데 폐결핵 때문에 입원했던 요양소의 생활은 그의 생을 일변시키는 계기가 되었다.

오닐의 단막극 〈오, 머나먼 나라여〉의 주인공처럼 주정으로 날을 지새우는 아버지를 원망하며 항시 부룩클린 저쪽의 화려한 무대 예술계로의 데뷔를 꿈꾸는 소년과 대극작가로서 금의환향하는 줄거리는 모두가 작자의 방랑과 알코올중독에 찌든 과거와 비슷하였기 때문에 더욱 박진감을 준다.

오늘의 아버지조차 도저히 회생할 길 없는 버린 자식으로 팽개쳤던 그의 생애의 극적인 전환은 천부적인 그의 예술적 자질도 큰 원인이겠으나 피나는 금주에 대한 노력이 뒤따랐기 때문이다.

오늘날 알코올중독자는 전세계적으로 급증하는 추세다. 특히 경제적으로 윤택하고 사회복지가 완벽하다는 선진국에서 환자들이 해마다 늘어나고 있어 큰 사회문제가 되고 있다. 생의 가치에 대한 회의가 이들 여러 나라에서 중독자가 급증하는 주요 이유가 되고 있다는 게 사회학자들의 의견이다.

또한 중독자의 대부분이 의지박약과 같은 성격이상, 그리고 일상생활에 있어서 심한 정신적 갈등 등이 주인(主因)이 되고 있다. 그러므로 이들 환자는 사물을 판단하고 이해하는 능력도 쇠퇴하고 기억력 상실과 더불어 생각 자체가 아주 천박스럽게 된다.

육체적으로 만성위염이나 평형장애, 다발성 신경염 등의 증상을 나타내는데 장기간 술을 마신 50세 전후에 잘 오는 코르샤코프증후군 또한 문제라는 정신과의사들의 말이다. 역시 중증인 이들 환자는 정신과의사의 보살핌 속에 입원가료를 받는 것이 옳다. 술을 끊는 약으로 안타뷰스가 사용되는데 술의 대사에 관여해서 심한 구토를 일으키게 하여 술에 대한 만정을 떼게 만든다.

그러나 술을 어쩔 수 없이 마시며 인생항로를 살아가는 사람들의 존재란 과연 서글픈 것인가 행복스런 존재인가. 고대에 처음 술을 빚었다는 오시리스신이여, 바쿠스신이여, 두강(杜康)이여, 말을 해다오.

발레리와 영양실조

시인적인 직관, 실증적 사고방법을 통한 격조 높은 문장과 정확한 표현으로 20세기 최고 서구 지성의 대표시인이었던 폴 발레리. 그가 젊은 시절 문학수업 시대를 중단하고 거의 17년 동안 문학에서 멀어졌다가 다시 시작(詩作)을 시작한 것은 42세가 될 무렵이었다.

《매혹》,《젊은 파르크》등의 작품집에서 보는 바와 같이 언어의 주문적 성격을 의식적으로 사용한 차원 높은 순수시를 엿보게 한다.

발레리는 젊은 시절에 베를렌, 말라르메 등에게 심취하였다고 하며 처음에 그가 전공으로 택하였던 것은 법학이었다. 그가 문학으로 입신(立身)하게 된 동기는 뚜렷치 않으나 천부적인 그의 재능에다 가브리엘 루이스, 지드나 말라르메 같은 위대한 시인들의 영향이 컸던 것 같다.

그가 사망한 것은 1945년, 사인은 영양실조였다.

레지스탕스 운동을 통하여 자유에 대한 불꽃 같은 염원을 보여주었던 시인의 최후는 외로웠다.

〈배따라기〉, 〈감자〉 등의 작품을 통해 우리나라 단편문학의 대가로 손꼽히던 김동인이 1·4후퇴 당시 지병으로 후퇴하지 못하고 결국 아사한 것과 비슷하다. 전쟁과 전후의 아수라와 같은 분위기 속에서 생활에 어두운 시인의 하루는 정말로 고역이었을 것이다.

녹색혁명으로 굶주림으로부터 인류가 벗어나나 했더니 그도 아닌 모양이다. 전세계의 식량비축량은 불과 27일 분이다. 영양실조에 빠져 있는 인구는 약 5백만 명으로 추산되며 그중에는 약 2백만 명이 아이들이다.

굶주림의 고통은 맛본 자만이 안다. 그래서 "기아와 맞싸울 수 있는 공포는 없다. 기아를 참아낼 수 있는 인내도 없다. 혐오감도 기아가 있는 곳에서는 존재하지 못한다. 미신, 신앙 그리고 원리라고 부를 수 있는 어느 것도 바람에 날리는 쓰레기에 지나지 않는다"라고 콘래드는 말한다. 영양실조는 체중이 줄어든다든지 체온이 정상 이하로 떨어지는 증상을 보인다는 것은 익히 알고 있는 상식이다. 제일 문제되는 것은 콰시오코르. 이는 한마디로 단백질의 절대량의 섭취가 부족하거나 장내에서 섭취가 안 되어 일어난다. 이런 아이들은 자주 보채게 되고 성장이 느릴 뿐 아니라 잔병을 자주 앓게 된다. 심한 경우에는 얼굴이나 배 등에 부종까지 오게 됨을 볼 수가 있다.

결국은 그 국민의 단백질 섭취량이 어느 정도인가에 따라 영양상태를 판가름한다고 볼 수 있겠다. 우리 선조들은 예로부터 굶는 데는 천부적인 소질이 있었던 것 같다. 생선토막 하나를 밥상에 올려놓고 "저 밥 도둑놈 봐라" 하고 외면하며 꽁보리밥을 들곤 하였으니 침샘의 고생은 오죽했겠는가.

아무리 유전적으로 결정된 아이도 만성적인 영양실조를 가져오면 성장은 더디게 되고 체구는 작은 사람이 되고 만다. 그 로리치씨의 연구에 의하면 캘리포니아에서 자라난 일본인 아이들은 일본에서 자라는 일본인 아이들보다 빨리 크고 나중에도 더 크다고 한다. 환경이 얼마나 중요한가를 알 수가 있다.

또한 뇌의 발달에 있어서도 만성적인 영양실조는 많은 영향을 미친다고 알려져 있다. 토끼에 있어서도 영양실조와 갑상선호르몬의 부족은 뇌의 성숙을 지연시킨다고 실험적으로 증명되어 있다.

영양식의 혜택은 국민 모두에게 골고루 돌아가야 한다. 물통에 담긴 물이 수평을 이루지 않으면 물이 아니듯이 편재된 영양식은 모두에게 바람직한 일이 아니기 때문이다.

예술가와 병 143

베토벤과 간경변증(肝硬變症)

위대한 사람은 도대체 어떤 사람을 얘기하는가?

위대라는 말 자체가 시들해지고 모호해져 버린 오늘날에는 위대한 삶을 살다 간 사람을 쉽사리 찾기 어렵다는 생각이 든다.

베토벤의 57년간에 걸친 생애는 범인들의 계산 능력으로는 도저히 셈할 수 없는 위대한 순간이었으며 영원히 타오르는 횃불처럼 인류를 비추어 오고 있다.

그가 56세 때 부양을 떠맡은 말썽꾸러기 조카를 만나고 돌아오는 12월의 기후는 몹시 쌀쌀했다. 음산한 하늘과 나목과 그 속에서 살아가는 사람의 고뇌가 그의 가슴을 답답하게 만들었다. 무리한 겨울여행은 나이 든 그를 여지없이 급성폐렴에 걸리게 했다. 일주일에 걸친 주위의 극진한 간병(看病)과 치료 덕택에 상당한 호전을 보이는가 싶더니 갑자기 병세가 악화되고 말았다. 온 몸에 누렇게 황달이 생기고 배에는 복수(腹水)가 점점 차오르게 되었다. 당시에는 의사들도 퍽 당황하여 복수를 없앨 목적으로 4회에 걸쳐 수술을 하였다고 한다.

결국은 후세에 와서 그의 병력을 면밀히 검토한 결과 간경변증이라는 결론에 도달했다.

실제로 그는 51세 때 황달에 걸려 고생을 하였다. 황달은 하나의 증상이지 병명 그 자체는 아니다. 후세의 의사들은 앞서 알았던 황달 증상이 간염이 아니었나 하는 생각을 했다.

전에 간염을 앓았던 사람에게서 괴사후성(壞死後性) 간경변증(肝硬變症)을 초래하는 경우는 비교적 빈발하는 현상이다.

의사들의 헌신적인 치료와 그의 병이 하루속히 쾌차하기를 비는 비엔나 사람들의 염원에도 아랑곳없이 그의 병세는 악화일로였다.

투병생활 3개월이 되자 의사들도 더 이상 손을 쓸 수 없도록 병세가 진행되고 말았다. 베토벤 자신도 임종이 가까워옴을 느끼고 유언장에 겨우 서명을 했다. 그를 둘러싸고 침통한 표정으로 서 있는 사람들에게 "여러분 박수를 치시오. 희극은 이제 끝나가고 있소"라고 외쳤다고 한다.

베토벤이 숨진 것은 1827년 3월 26일. 그의 나이 57세였다. 진정으로 인간성과 예술이 모두 위대했던 그의 생애가 끝난 것이다.

간경변증은 지금도 우리 주위에서 자주 보게 된다. 간질환이 우리나라에 많다는 것은 상업 텔레비전 광고를 보면 잘 알 수 있다고 어느 내과의사가 지적했다. 간경변증의 원인은 매우 다양하여 술을 마시는 것을 위시하여 약물 그리고 수많은 화학물질, 기생충, 혈색증(血色症), 매독 등이다.

그러나 알코올성 간경변증은 독주를 마시는 서양인에게 많다는 통계다. 한국인에게는 괴사후성인 경우가 많다고 한다. 하여튼 우리나라 사람들도 점점 독한 소주나 양주로 술의 기호가 바뀌고 있는 추세이니만큼 앞으로 위와 같은 통계적 분류에 변동이 있지 않을까 하는 얘기들이 많다.

베토벤 연구로 이름이 높던 로맹 롤랑은 그를 소재로 한 소설 〈장 크리스토프〉를 10년간의 세월 끝에 탈고했다.

롤랑에 의하면 진정으로 위대한 인간이란 심성이 위대한 사람들을 가리킨다고 했다.

가난과 역경 속에서 그의 인간성과 예술혼을 꽃 피워갔던 베토벤. 그리고 47세 때 완전히 귀머거리가 된 후에도 불후의 교향곡을 만들어 세인을 놀라게 했던 그였다. 3개월에 걸친 투병은 집념과 투지로 타인의 귀감이 되고 있다. 영웅다운 영웅이 아쉬운 시대에 그야말로 시대를 초월한 참다운 영웅이었다.

슈베르트와 장티푸스

우리나라의 욕설은 그 수효와 질에 있어서 단연 외국의 추종을 불허한다. 한국인의 지독스럽기(?)까지 한 욕설의 근원이 실상은 열등의식이나 자기비하의 발로이려니 하고 여러 가지로 해석을 하는 모양이다.

그러나 한국인의 욕설은 삶의 와중에서 지치기 쉬운 생활 감각을 새롭게 하는 데 도움이 되어왔다. 또한 욕설 자체가 파괴적이 아니라 건설적이며, 현실에 찰흙처럼 엉켜 있는 그런 것이 아니라 미래지향적인 요소가 다분하다. '오살할 자', '~할 녀석' 그리고 '염병할 녀석' 등의 욕설에 주의할 필요가 있다. 어디까지나 과거나 현재의 '했던'이나 '한' 것이 아니라 미래의 '할' 녀석인 것이다.

다분히 경고적인 의도가 있는 것은 역시 우리 민족이 수천 년간 간직해 왔던 군자지연(君子之然)의 미덕이 아닐 수 없다.

때문에 욕 좀 먹었다고 해서 그렇게 핏대를 올릴 것도 억울해할 일도 아니지 않은가 한다. '염병할'의 경우도 실상은 앞으로 장티푸스에 걸릴 우려가 있으니 당신 좀 조심하라는 한국인 천성의 무뚝뚝한 정이 흐르는 교시(敎示)니까 말이다.

요즈음 웬 놈의 열병이 그렇게 많은지. 걸핏 하면 냉수를 들이켜다 또는 냉면 한 그릇 사먹다가 염병에 걸렸다는 얘기들이다. '염병할' 사람이 늘어나니 국민보건에 적신호가 아닐 수 없다.

가곡의 왕 슈베르트, 5척 단신에 두터운 안경을 낀 무명의 그를 본 대베토벤이 "슈베르트의 정신에는 참으로 성스러운 불길이 살아 있다"라고 외친 얘기는 유명하다. 역시 거목이 되어야 희목(稀木)을 알아보는 법.

〈아름다운 물방앗간 아가씨〉, 〈겨울 나그네〉, 〈백조의 노래〉와 같은 불멸의 가곡을 작곡하여 영혼 깊숙이 마음을 사로잡았던 슈베르트의 생애는 겨우 31세의 짧은 기간이었다. 그 동안에 600이 넘는 가곡과 기악곡까지 합쳐 무려 천여 곡을 만들어 냈으니 천재임에는 틀림없다.

그의 사인(死因)은 장티푸스였다. 그는 형과 친구들과 같이 음식점에서 생선 요리를 먹다가 갑자기 배를 움켜쥐고 신음하기 시작했다. 당시에는 식중독이려니 하고 치료를 시작했는데 실상은 장티푸스였다고 한다. 당시에는 특효약이 있을 리가 없고 하여 대증요법으로 치료를 받다가 19일 만에 눈을 감았다. 좀더 오래 살았더라면 얼마나 많은 아름다운 가곡들이 쏟아져 나왔을는지 참으로 애석한 일이었다.

일제 때 농촌운동의 주인공을 소재로 한 〈상록수〉의 작가 심훈은 출판 때문에 한성도서주식회사 2층에서 기거하다가 또한 장티푸스를 얻는다. 서울대학병원으로 옮겨 치료를 받았으나 36세의 아까운 나이로 생명의 나래를 접었다.

장티푸스 역사는 길다. 이집트의 내과 파피루스나 고대의 바빌로니아의 문헌에 기재가 되어 있는 병이며 고대 중국에 있어서도 잘 알려져 있었다.

생수(生水), 우유 등에 균이 생존해 있다가 인체에 침입하는 일이 많다. 더구나 굴이나 조개와 같은 해산물도 이 균에 오염되는 일이 잦으니 하여튼 여름철에 날것을 먹는다는 것은 그리 유쾌한 일이 아니다. 또한 여름철의 파리는 이 병의 좋은 매개체가 되고 있다. 마이신 몇 번 사먹고 열이 떨어지자 내 병은 다 나았다고 기고만장하여 균을 뿌리고 다니는 보균자들의 작태는 국민보건 정책상 커다란 문제가 아닐 수 없다. 자기의 건강을 돌보는 일은 개인의 사회에 대한 의무다. 사회가 그 동안 그 개인의 성장과 발전을 위해서 얼마나 투자를 했던가.

브람스와 간암

 병에 대한 한국인의 의식구조야말로 흥미진진한 바 있다. 우리 조상들은 질병은 초자연적인 신비력에 의하여 일어난다고 생각하여 왔다. 이러한 정령병인설(精靈病因說)은 문화가 발달한 지금에도 면면이 우리들의 의식 속에 흐르고 있음을 본다. 고어(古語)에 '탈'이란 말과 '덧'이란 말이 실상은 외부에서 덤벼든다는 의미가 있으니 병인론(病因論)에서 말하는 외인(外因)에 대해 서로 투철한 생각을 가졌던 것 같다. 또한 푸닥거리를 통하여 병을 퇴치하는 것을 '가신다', '떤다', '푼다'라고 하는데 이들은 모두가 악령을 외부로 쫓아버린다는 말이다.
 그러나 이러한 정령병인설은 삼국시대에 와서 불교가 전래된 후부터 동요를 일으킨다. 한방의학의 기초원리인 음양오행(陰陽五行)의 철리적(哲理的) 생각이 인도의 지수화풍(地水火風)의 4원소설에 의하여 도전을 받은 것이다. 불교에서 말하는 인과응보는 전생에 지은 죄업이 곧 병으로 나타난다는 생각을 지니게 했다. 물론 병이 자랑스러울 것도 없지만 그렇다고 남부끄

러운 것도 아닌데 숨겨야 할 것 또는 부끄러운 것으로 여기곤 했다. 때문에 구체적인 병명을 열거하기도 어렵겠지만 숙환(宿患), 노환(老患) 등으로 적당히 넘어가는 바람에 실상은 우리 전통의학의 발전에 막대한 지장을 가져온 것 또한 사실이다.

중후한 감을 주는 그의 음악으로 사람들을 매료시키는 브람스. 당시의 대가였던 슈만의 소개로 음악계에 데뷔했던 이 천재는 슈만이 죽은 후에도 그에게 변함없는 존경을 보냈으며 슈만의 미망인 클라라와의 우정은 음악사에서 아름다운 이야기로 남아 있다. 이 천재의 목숨을 앗아간 것은 간암. 64세의 나이는 예술가에게는 원숙기에 접어든 때이리라.

근래에 암환자들이 부쩍 늘어나고 있다. 원자력병원의 발표에 의하면 1975년도 19%, 1976년도 20%, 1977년도에는 4%의 증가를 나타내고 있다.

이 중 남자들에게 특히 많은 간암의 발생률은 해마다 높아지고 있다고 하니 가히 암공포 시대가 도래한 느낌이다. 이들 암의 발생원인은 환경조건의 오염이나 음식물과도 밀접한 관련이 있다.

그중에서도 땅콩이나 콩과 같은 두류식품에서 아스페르길루스(Aspergyllus)균에 의해 만들어내는 애플러톡신(Aflatoxin)이란 물질이 간암의 발생빈도를 높이고 있다. 연전 전주예수병원에서 한국인의 간암 발생률과 이물질과의 관련을 발표하였는데 우리 식품에 없어서는 안 될 된장, 간장에 존재하는 애플러톡신

작용으로 인한 경우가 많다고 하여 한때 물의를 빚었다.

중국혁명의 아버지 손문, 파란만장했던 그의 생애는 곧 근세 중국의 역사 그대로였다.

투쟁과 망명을 거듭한 끝에 드디어 대총통이 되자 천진(天津)에 이르는 동안에 평소부터 신체에 조금씩 이상을 느끼긴 하였으나 갑자기 악화되어 그의 나이 60세로 한을 남긴 채 운명했다. 사인은 간암이었다.

얼마 전에 갑자기 이 병으로 타계한 최병제 박사. 제자와 후배들에게 털끝만큼의 권위의식이나 오만기를 안 보여준 그 분의 인품에 절로 옷깃을 여미게 된다. 평소에 두주(斗酒)를 불사했던 것으로 보아 술이 그 분의 명을 재촉한 원인이 되지 않았나 하는 안타까운 심정이다.

병석에서 "술, 담배 많이 하지 말게. 오늘 다하지 못한 일은 내일로 미루고 만만디의 중국사람식의 인생을 본받도록 하게" 하고 그 동안의 심경을 담담히 토로하던 말씀이 귀에 쟁쟁하다.

지구의 자전 속도는 예나 지금이나 변함없거늘 정신없이 돌아가는 인간사는 누구를 위한 걸까.

드뷔시와 장(腸)폴립

불협화음의 천재, 음악의 세잔이라고 불리던 드뷔시도 의사들의 주위를 자주 맴돌았던 인물의 하나였다.

"음의 성분을 조사할 필요는 없다. 귀의 즐거움을 유일한 근거지로 삼고 음을 만들어라. 그것으로 충분하다"고 대담하게 음악의 혁신을 주장했던 이 천재는 외로웠다.

그의 투병도 예술활동에 있어서 그의 외로움 못지않게 고독과 맞서는 처절함 그 자체였다. 타오르는 불꽃처럼 그가 현대와 과거의 음악의 분수령이었다고 일컬어지는 그의 음악을 창조하기 시작할 때 이 천재의 몸에 사신의 무서운 혓바닥이 널름거리고 있었다.

음악사가들이 드뷔시를 가리켜 "그는 예술가로서 질병을 꺼리고 심지어 창피스럽게 여겼던 것 같았고 병을 숨김으로써 오히려 병을 키웠던 것 같다"고 평하고 있으나 그 실상을 잘 모르고 한 얘기일 따름이다.

그의 병은 장(腸)폴립과 모르핀 중독이었다. 장폴립은 상당히 진행되는 경우 이따금씩 항문으로 피가 묻어 나온다든지 배에 쥐어짜는 듯한 아픔이 온다든지 하는 증상이 뒤따르니 대부분 자신도 모르는 경우가 많다.

드뷔시의 초기 투병생활에 대한 비판은 그의 장질환에 대한 것이기보다는 그의 습관화된 모르핀 사용에 대한 것이었으리라 짐작된다. 그리고 그에게 심한 비판을 하였던 상당수 사람들은 폴립에 대한 의학적 상식을 전혀 없었기 때문이었다. 그의 장폴립의 발생 시기는 대략 그가 45세 되던 해가 아닌가 여겨진다. 그가 출판업자인 뒤랑에게 그의 건강에 대한 것을 호소하는 편지에 근래에는 장이 불편하여 고생스럽다는 구절이 있는데 이것이 발병 시기를 추측할 수 있는 유일한 문헌이다.

서독의 내과의사로서 드뷔시를 연구했던 케르너 박사는 1915년께 라듐에 의한 방사선요법과 장을 잘라내는 수술을 받았다고 전한다.

미루어 짐작건대 증상이 나타나기 시작한 지 7년째 되는 해이다.

모르핀의 사용 시기에 대해서는 잘 알려져 있지 않으나 당시의 예술인들에게 유행했던 풍조에 따랐던 것 같다. 이에 대한 근거로는 그의 주변인물들을 살펴볼 필요가 있다.

포레, 듀카와 같은 그의 음악 친구들 그리고 말라르메, 베를렌, 랭보와 같은 천재 시인들, 모네와 세잔 같은 당시 진취적인 전위 화가들 틈새에 끼여 작곡 활동을 하였다.

장폴립이라고 하면 장의 안쪽인 점막으로부터 조직이 튀

어나온 것을 얘기하는데 성인에게 있어서는 전체 인구의 약 2~8%까지 발견되는 상당히 많은 병이다.

문제는 이것을 그대로 놔두면 암으로 변하는 데 문제가 있다 (50% 이상). 민주당 중진 유석 조병옥 박사가 이 병에 걸려 실마 하다가 결국 미국의 월터리드 육군병원까지 가서 수술을 받았으나 사망했던 것은 너무나 생생하다.

드뷔시에 대해서 그 누구도 영웅적이거나 위대한 투병가로는 여기지 않았다.

이 천재가 자기의 병에 대해서 무척 괴로워했던 것도 사실이다. 절망과 희망이 파도처럼 넘나들었다. 죽음에 대한 유혹에 몇 번이나 망설였다.

"친구여, 세상에 이런 꼴이 뭐람. 이 지겨운 나날."
하고 절규했으나 결코 그는 삶을 포기하지 않았다. 또한 그의 예술 활동도….

홍난파와 늑막염

늑막염이라고 하면 한때 20세 안팎의 젊은이들의 건강을 크게 위협했던 병이었다. 옆구리만 조금 결려도 이 병이 아닌가 하여 자신은 물론 온 가족이 어쩔 줄 모르고 병원으로 달려가는 소동을 벌였다.

병원에서는 의사가 엄숙한 표정으로 청진을 하고 손으로 가슴과 등을 타진한 후 늑막 사이에 침을 넣어 액을 빼낼 때의 그 절망감이란 상상하기가 어렵지 않다.

서양 의학이 이 땅에 들어오면서 사용되기 시작한 타진(打診)의 진단 방법은 오스트리아 사람 레오폴드 아우겐브리거에 의해서 고안된 것이다. 집안에서 술집을 운영하였기에 그는 평소에 포도주가 담긴 통을 두드리면 음향이 모두 다르게 난다는 사실을 생각해 냈다. 그때 비로소 타진단법(打診斷法)이 생겨난 것이다. 그러나 훨씬 옛날부터 사람의 심장이 뛰는지 여부를 알기 위해 귀를 가슴에 대고 듣는 방법이 사용되고 있었다.

그러나 레오폴드가 발견한 타진법은 폐렴이나 늑막염 같은 병의 진단에 있어서는 획기적이었다.

그 후 프랑스인 르네 레네크가 나무로 청진기를 만들어 청진법을 고안했다.

오늘날 아무리 현대적인 의료 장비가 발달되었다고 해도 타진이나 청진은 지금도 의사들이 진단을 내리는 데 주요한 역할을 한다.

늑막에 삼출액(滲出液)이 고일 때 최소한 300cc 이상은 되어야 X-광선 촬영에 발견된다는 것을 리글러가 발견했다. 그리고 타진에 아무리 능한 의사라도 삼출액이 500cc 정도가 되어야 타진으로써 진단에 붙일 수가 있다.

이 병은 대부분이 폐결핵이나 폐렴, 폐색전증, 폐농양, 기관지확장증이나 심지어 외상 등에 의해서 오며 우리나라에 많은 결핵성 늑막염도 결핵 감염 후 3~6개월 만에 늑막에 삼출액이 고이는 수가 많다.

〈봉선화〉의 작곡자인 홍난파, 그가 24세에 이 민족의 슬픔을 김형준(金亨俊)의 시에 붙여 작곡했던 〈봉선화〉는 나라 잃고 슬픔에 잠긴 국민들 사이에서 단번에 애창곡이 되고 말았다.

그가 미국 셔우드 음악대학에 유학을 가기 전부터 걸려 있던 늑막염은 1년 남짓한 고생스런 유학 생활 때문에 더욱 악화되고 말았다.

귀국한 후에 기침과 가슴과 옆구리의 통증 그리고 미열은 그를 괴롭혔고 늑막에 액이 고일 때마다 오는 호흡곤란 때문에 애를 먹었다.

바이올린 하나를 들고 술과 벗을 즐기며 인생을 낙락하던 일대의 풍류객인 그도 병이 들자 의기소침해졌다. 그러나 음악에 대한 정열은 결코 식을 줄 몰랐다.

당시에는 이 병에 특효약이 있는 것도 아니고 겨우 늑막천자를 하여 액을 빼주고 안정과 영양섭취가 최대의 치료방법이었다.

이러한 상황에서도 간호하는 부인에게 레코드를 틀어 달라고 하여 음악을 듣곤 하였다. 진정 음악을 위해 세상에 태어난 사람이었다. 당시에 우리나라 선각자들이 걸었던 가시밭길을 일대(一代)의 재사(才士)인 그도 그대로 답습하여 1941년 8월 30일 서울 회기동에 있는 경성요양원(京城療養院)의 한 병실에서 작고하고 말았다. 향년 44세로 그의 소원에 따라 연미복을 입은 채였다. 춘원 이광수나 채만식 등이 폐결핵으로 인한 늑막염의 병발로 고생을 하였고 피아노의 시인 쇼팽 그리고 〈채털리 부인의 사랑〉을 쓴 로렌스와 작곡가 베버가 이 병으로 고생하다가 결국은 사망했다.

많은 천재들을 앗아간 이 병도 오늘날에는 점차로 고전적인 병이 되어가면서 야릇한 감회를 안겨준다.

고흐와 정신분열증

강렬한 햇살 속에서만이 생명의 진실을 발견했던 불행의 천재 화가 고흐.

암스테르담 대학 신학과를 나와 광산에서 노동자들과 함께 생활을 하며 그들의 비참한 생활을 보고 그림을 그릴 정도로 충격을 받았던 그였다.

고흐는 젊은 시절 불면증과 신열 때문에 고생하다가 성병에 감염된 후에 일어나는 방광염이라는 진단을 받았다. 이때부터 그의 고달픈 병고가 시작된 것이다.

그는 항상 두통 때문에 고생을 하였으며 때때로 발작을 보였다. 그림을 그리다가 갑자기 전신에 오한과 전율이 엄습하여 얼굴에는 붉은 반점이 생기며 격심한 경련과 동시에 입에서는 흰 거품을 뿜었다. 그리고 큰소리를 꽥 질렀다고 한다. 증상 자체만으로 그가 간질병이 있지 않았나 하는 후세 의학자들의 추측이다.

지중해 해변 아를에 자리를 잡고 불타오르는 듯한 독특한 그림들을 수없이 그려대던 1888년은 그에게 정신분열증이 나타나기 시작할 무렵이었다.

고갱과의 공동생활 중에 자신의 자화상의 왼쪽귀가 잘못 그려졌다고 지적받자 귀를 싹둑 잘라버렸던 유명한 사건이 일어났던 일도 이 무렵의 일이었다.

이 사건으로 상레미의 정신병원에 입원하여 빼이롱 의사의 치료를 받았다. 그러나 발작은 치료 전보다 훨씬 심해졌다.

최후의 시간을 보냈던 오베르에서는 갓세 의사에게 치료를 받았다. 갓세는 주치의면서도 그의 예술의 옹호자였다.

권총자살로 끝을 맺은 고흐의 생애는 최후의 한 방울 피까지 태양 아래 말리는 생에 대한 대도전이었다.

근래에는 정신적인 여러 질환이 급증하고 있는 세계적인 추세다. 생활이 복잡해지고 다양해지는 환경은 수많은 갈등을 불러일으키고 정신병의 발생을 급증시키고 있다.

고대 이집트, 인도, 중국, 그리스 등의 초기 문헌에서는 정신병이 마귀나 신이 사람 몸속으로 들어가 일어난다고 하였다. 기원전 5세기의 히포크라테스 같은 대의학자는 이미 산후 정신병, 조울병, 히스테리, 간질 등과 같은 정신병에 대해 언급하고 있었다. 아리스토텔레스 같은 사람도 사람의 영혼은 심장에 있다고 믿었는데 스승 플라톤은 영혼은 머릿속에서 나온다고 그의 주장을 반박했다.

중세처럼 정신병 환자들에게 지옥의 시대는 없었을 것이다. 로마 교황청 법전인 〈말레오루스 말레피카럼〉에 의해 환자들을 쇠사슬에 묶어 화형을 시키거나 돌로 때려죽었다.

그러나 무지의 폭풍은 결국은 멎는 법. 19세기에 들어와 바이어 같은 학자는 정신병은 마귀의 힘에 의해서가 아니고 치료가 가능한 한낱 질환임을 주장하였고, 프랑스의 피넬, 이탈리아의 치아루기, 영국의 튜크, 미국의 딕스 등에 의하여 의학에 있어서 정신과의 영역이 찬란히 전개되기 시작한 것이다. 그리고 독일의 크레펠린과 프로이트 같은 사람들에 의해서 근대 정신의학의 기틀은 확고하게 마련되었다고 하여도 과언이 아닐 것이다.

정신병은 도대체 몇 가지나 될까. 1968년 세계질병 통계 및 분류표에 의하면 약 160가지의 아형(亞型)으로 나누고 있다.

크레펠린에 의해 조발성치매라고 불리고 스위스의 블로일러에 의해서 비로소 정신분열증이란 이름이 붙은 이 정신증도 어느 질환과 마찬가지로 조기에 발견하여 치료를 해주는 것이 무엇보다도 지름길이라는 정신과의사들의 주장이다.

정신분열증 환자였던 고흐의 진정한 예술적 가치는 어디 있었을까. 그것은 "농민의 그림에서는 향수 냄새가 나서는 안 된다. 쇠똥은 쇠똥답게 그려야만 예술이 되는 것이다"라는 그의 말처럼, 진실 바로 그것 때문이 아니었을까.

이중섭과 간염(肝炎)

천재이기 때문에 불행했는지 불행 때문에 천재라고 불렸는지 모호한 경우가 많이 있다. 생전에는 그리도 야박스럽게 굴던 인심도 당사자의 불행했던 일생이 들먹여지고 묻혀 있던 업적이 이 사람 저 사람 입에서 정이월(正二月) 보리싹처럼 비추면 너도 나도 석 달 가뭄 후 단비 내린 마을의 삼봉이 녀석처럼 신이 들려 어깨춤이 둥실인 것은 말할 것도 없고 그 사람의 칭찬에 침이 마를 날이 없다.

이중섭, 천재 중의 천재라고 불리는 그의 생애도 따지고 보면 소수의 그를 진심으로 아끼는 사람과 얼간이 삼봉 녀석과 같은 수많은 사람들에게 둘러싸여 극적인 생애를 마친 것이었다.

도쿄에 있는 제국미술학교에 입학하여 아방가르드 경향의 문화학원에서 미술공부를 하면서 나중에 한국의 화단을 주름잡게 되는 김환기(金煥基), 유영국(劉永國), 문학수(文學洙) 등과 사귀게 된다.

일본 삼정물산(三井物産) 중역의 딸인 산본방자(山本方子)와 만나는 것을 분수령으로 하여 비극적인 생애의 막은 열리게 되고 삶과 예술에 대한 처절한 투쟁이 시작된다. 6·25사변 때 제주도, 부산, 대구 등으로 전전하면서 그 어려운 생활고 속에서 창작에 집요했던 예술가는 그의 슬픔을 달래 주었던 유일한 무기인 강술과 영양실조로 말미암아 드디어 간염에 걸리게 되고 말았다.

안정과 충분한 영양만이 유일한 치료방법인 이 병이 그의 생명을 어디로 끌고 갈지는 명약관화한 사실이다.

이중섭에게는 심한 정신분열증이 있었다. 현실의 갈등에 시달리다 못한 그에게는 이 또한 필연적 귀결이었을 것이다.

문의 핸들만 보아도 도망을 치는 원형공포증은 잘 알려진 증상이었다.

또한 그를 때로 망신을 시켰던 요붕증(尿崩症) 비슷한 증세가 있었다. 한밤중 남의 집 요 위에 흥건히 방뇨했던 일은 비일비재하였다고 한다. 그 양이 엄청났던 것으로 보아 이 천재는 일찍부터 뇌하수체에서 항이뇨호르몬 분비작용이 원활하지 못했던 것 같다. 이러한 그의 요붕증과 정신분열증의 상관관계도 주목할 만한 의학적 측면이 아닌가 여겨진다.

천재의 사인이 된 간염은 보통 황달병이라고 부르나 황달을 일으키는 병이 어디 이 병 한 가지뿐이겠는가.

간염은 보통 두 종류로 나뉜다. 가을과 겨울에 유행을 하는 전염성 간염과 주사를 맞은 지 몇 달 후에 나타나는 혈청성간염이 있다.

양자의 증상은 별로 차이가 없어 열이 난다든지 복통이 있다든지 소화가 안 된다든지 하는 막연한 증상에서부터 가을의 은행잎과 같은 누런 물이 눈에, 피부에 스며들게 된다. 아이들에 있어서는 황달이 없는 간염도 상당한 수효가 있다

대부분의 전염병처럼 간염 바이러스의 침입경로 역시 입이다. 때문에 예로부터 "그 집 대들보의 받침은 며느리 물동이에서 비롯한다"는 말이 있다. 식수가 얼마나 위생상 중요한가를 단적으로 말해 주고 있다.

황달병을 앓았던 친지 모씨의 말인즉,

"이거 사람 환장할 노릇입데다. 의사 선생들의 말인즉, 푹 쉬어라, 잘 먹어라, 근심 걱정 말라고 하니 어디 우리 형편이 푹 쉬고 잘 먹고 근심 걱정 안 하게 생겼어요. 이건 도시 솔로몬왕이나 오나시스 같은 사람에게 걸리지 않고선…."

그래서 인생이란 요지경이라고 했다던가. 아무튼 일찍 죽어 천재소리 듣기보다는 오래오래 살아서 세상에 태어난 빚만은 반드시 갚아야 할 것 같다.

가난한 천재들을 살아생전에 비웃는 가면의 사람들의 구성진 목소리는 또 얼마나 우리들을 슬프게 하는 건지.

의학자 다빈치

천상(天上)의 그 어느 날, 땅 위에선 염제(炎帝)의 위력을 유감없이 발휘하여 사람은 물론이고 심지어 식물까지도 허덕이는 때에 레오나르도 다빈치가 모나리자를 우연히 만났다.

"모나리자여, 그대 참 오랜만이로구나. 나는 그대를 그림으로써 의사로서의 나 자신보다 화가로서 더욱 유명하게 되었으니 기분이 착잡하도다."

그러나 다빈치의 얼굴에는 성취한 사람만이 갖는 행복감이 깃들고 있었다. 이 말을 받은 모나리자는 그 특유한 미소를 띠고 대답하였다.

"다빈치여, 정말 반갑습니다. 사람들이 나를 가리켜 눈썹이 없는 여자라는 등 임신부라는 등 심지어는 환자라는 소문을 내어 나를 난도질할 때에는 정말로 이 여인의 마음 아프기 짝이 없나이다."

그러자 위엄 있는 목소리로 다빈치가 타이른다.

"모나리자여, 남의 흉을 보는 것을 배고플 때 빵을 발견한 것보다도 더 좋아하는 것이 사람이거늘 너무 심려 마오. 진실을 알기 위해 나는 의학의 관문을 통해 그대를 창조했거늘…."

대의학자로서의 다빈치는 그의 위대한 예술작품으로 인하여 감추어지고 있었다. 그러나 해부학자 또는 생리학자로서의 그는 의학사에 있어서도 불멸의 업적을 남겼다.

중세에 사람의 신체를 해부한다는 것은 참으로 큰 모험이었다. 악마들이나 하는 행위라고 큰 벌을 받았던 당시에는 목숨을 거는 공부였다.

사실 그의 정교하기 짝이 없는 인체 해부도는 거의 2백 년 동안이나 땅속에 묻혀 있다가 1784년에 윌리엄 헌터와 4년 후에 부르멘바하에 의해서 그 빛을 본 것이다.

현대의 의학적 지식으로도 놀랄 만한 해부학적·생리학적 지식을 다빈치는 도대체 어떻게 알았을까.

다빈치 연구가들에 의하면 갈렌과 같은 중세의 대의학자의 책에서 알았을 것이라는 둥 또는 거이나 문디누스 같은 의학자들의 저서를 통해서 공부했을 거라는 둥 여러 얘기가 있으나 실상은 그 자신의 피나는 노력에 의해서만이 그와 같은 훌륭한 의학적 지식을 얻었을 것이라는 것이 거의 정설화되어 있다.

다빈치의 훌륭한 솜씨가 깃든 760여 장의 인체 해부도가 완성이 되었는데 여기에는 근육뿐만 아니라 심장, 허파 그리고 혈관과 뼈와 신경조직을 낱낱이 보여주고 있었다. 더군다나 내장과 뇌의 단면도는 그 섬세함 때문에 현대 의학자들조차 혀를 내두르게 만들었다.

또한 자궁 내의 태아의 모습을 그대로 스케치해 놓았는데 인체에 대한 단순한 호기심만이 아닌 사물의 본질에 대한 강렬한 탐구욕 때문이었을 거라는 해석들이다.

다빈치가 의학자로서 높이 평가를 받는 이유 중의 하나는 그가 사물을 관찰하는 방법에 있어서 합리적이었기 때문이다.

근육의 기시점부터 부착점까지 완전히 관찰하고 밝힘으로써 그는 갈렌에 못지않게 의학 발전에 큰 이바지를 한 것이다.

그 훨씬 이전 기원전 22,000여 년 선사시대 이전의 최초 인간의 신체 형성에 대한 형태학적 조각이 발견되고 있었다. 촘바지에서 1908년에 발견된 것이 바로 이것이다.

여성에 대한 해부학적 조각은 말테스 동굴이나 이집트 동굴, 또는 아시리아, 바빌로니아의 동굴에서 진작부터 발견되고 있었다.

한 위대한 인간을 한 측면에서만 평가하는 데 얼마나 큰 문제가 뒤따르는지 모른다. 더구나 천재들에 있어서는….

세잔과 당뇨병

소인배들이란 작당하여 타인을 헐뜯기 좋아하는 자들이라고 선현들은 예로부터 말하고 있다.

세잔처럼 당대에 그의 인간성이나 재능에 대해 인정을 받지 못했던 화가도 그리 많지 않을 것이다. 심지어 중학 동창인 소설가 에밀 졸라까지도 그를 "사람은 좋으나 좀 부족한 듯한 친구"라고 했다고 하니 다른 사람들의 평은 불문가지다.

세잔은 "자연은 원구(圓球)와 원통(圓筒)과 원추(圓錐)로 이루어졌다"는 유명한 말을 하여 그의 예술은 조형상의 본질에 있어서 현대 미술에 많은 영향을 주었다. 그의 정신세계는 언제나 갈등과 극복의 연속이었다. 로맨틱한 정신과 교양 그리고 불타오르는 많은 지적(知的)인 회의는 그의 창조력의 샘물이었다.

말년에 접어든 67세 때의 가을.

고향 엑스에 있는 그의 조촐한 화실 밖에서 여느 날과 다름없이 풍경을 그리고 있었다. 그때 느닷없이 소나기가 몹시 쏟아져 흠뻑 젖고 말았다. 전부터 당뇨병을 앓던 그는 오한을 일으키며 정신을 거의 잃어버린 상태로 집으로 옮겨졌다.

그러나 다음날도 그리다가 놔둔 그림을 완성하기 위하여 뜰로 나갔으나 완전히 인사불성이 되어 깨어나지 못했다. 오늘날의 의학적인 풀이로 당뇨병성 혼수상태에 빠지고 만 것이리라. 일주일 동안이나 이러한 상태로 치료다운 치료도 못 받은 채 운명하고 말았다. 대부분의 예술가가 걸었던 비슷한 길이었으나 대화가의 말로(末路)는 예술가는 시련과 고독을 충분히 극복할 수 있는 극기가 무엇보다도 중요함을 일깨워주고 있다.

오늘날 전세계에는 약 2백만 명이나 되는 당뇨병 환자가 있다고 추산된다.

그러므로 비만증이나 갑상선질환과 더불어 대사성질환에 당당히 3위로 랭크되어 있다.

중국의 고대와 이집트에서 일찍부터 알려져 있던 병이었고 우리나라에서는 '허천병'이라고 불렸다. 그 유래는 아마 이 병의 3대 증상인 다식, 다뇨, 갈증 때문이었던 것 같다.

이 병의 발생 기원은 이미 잘 알려진 사실이다. 췌장의 베타세포에서 인슐린의 분비가 억제됨으로써 혈당이 상승하여 발병한다.

비만증, 스트레스 등은 이 병의 발생과 밀접한 관계가 있다고 내과의사들은 얘기하고 있다. 이들 얘기로는 더욱 문제가 되는 것은 잠재성 환자들이라고 한다. 때문에 이들을 조기 발견하여 적절한 치료를 받게 하는 것이 퍽 중요한 일이라고 강조한다.

씨 없는 수박과 벼의 일식이수작(一植二收作)으로 유명해진

농학자인 우장춘(禹長春) 박사. 한말의 개화당 지사였던 범선(範善)이 일본으로 망명하여 일본 여인과의 사이에서 태어난 혼혈아였다. 가정이 극도로 빈한하여 고아원에서 자랐던 그는 강철과 같은 의지로 동경제국대학을 졸업했다. 평소에 아버지 나라인 한국에서 봉사하기를 희망하여 1950년 귀국하여 조국의 농업 발전에 이바지했다. 언제나 섭생에 남달리 신경을 썼던 그였건만 당뇨병이 발병했다. 식이요법과 병원 치료를 받았으나 1959년 중앙의료원에서 타계하고 말았다. 자유당 때 자칭 바이마르 헌법에 대해서는 국내의 권위자라고 뽐내며 추상 같은 세도를 휘둘렀던 장경근(張暻根), 5·16 후에 일본과 브라질 등으로 도피하여 있다가 얼마 전에 귀국하여 지병인 이 병으로 사망했다.

    선인과 악인을 가리지 않는 병의 병태 생리야말로 인간사의 불가사의한 단면을 엿보게 한다.

고갱과 피부병

나이 50이 넘어서면 모든 것이 시들하게 여겨진다는 사람이 많다. 일상생활의 단조로움과 노력하여 쌓아왔던 명예, 지위, 재산 등이 한낱 지푸라기같이 생각되어 자신도 모르게 놀라게 된다.

육체적인 노화 현상과 동시에 엄습하는 정신적인 공허감은 사람을 당혹하게 만든다.

나이 35세면 사회적 기반과 가정적 질서가 몸에 밸 나이다. 반복되는 일상생활로 다소의 안정감을 느낄 나이에 그것을 과감히 뿌리치고 형극의 길로 뛰어든 증권회사 사원이었던 폴 고갱.

남태평양의 마르케사스 제도의 도미니크섬에서 55세를 일기로 운명했던 그의 일생은 경이와 고난에 찬 예술가의 길이었다.

문명의 찌꺼기와 고루한 일상생활에서의 탈출은 창조욕과 생명의 탐구에 눈뜬 그에게는 당연한 귀결이었는지도 모른다.

'고갱 1903년'이라고 새겨진 묘비는 지금도 여전하나 실상 그의 사인(死因)은 아직도 미지수다. 알려진 것은 사망한 바로 그 해 3월 원주민들을 부당하게 학대하는 헌병들과 싸워 재판을 받은 후 타이티로 되돌아가던 차에서 변사하였다고 한다. 혹자는 그의 오두막 방에서 11시쯤 침대 위에서 죽어 있었다고도 한다. 추측건대 심장마비가 직접 원인이었으리라는 것이 거의 공식화되어 있다.

또한 고갱이 악성 피부병으로 고생하였던 것은 이미 알려져 있다. 두 번째 파리에 갔을 때 발을 다친 후에 얻었다고 하나 확실치는 않고 쉽게 낫지를 않았다. 어떤 사람은 악성 습진이라고 하고 어떤 이는 나병이었다고도 한다. 그러나 진위는 병원치료를 전혀 해보지 못했으니 알 길이 없다. 그의 전기 작가들도 고갱이 이 악성 피부병으로 무척이나 괴로워했음을 시인하고 있다.

당시의 태평양제도에는 상당한 나환자가 있었다. 특히 이 병 자체가 열대지방에서 호발하는 습성이 있는데다가 여러 가지 피부병과 감별을 잘 못 하던 때였기에 그 병의 가능성을 완전히 배제할 수도 없다.

고갱의 예술을 애호하는 수많은 사람에게는 너무 충격적일는지 모르나 예술가의 생애를 바로 파악한다는 그 사실만으로도 그 예술의 본질의 절반은 이해한다는 말과 같이 그의 말년에 있었던 자살미수와 이 악성 피부병에 대한 의학적 측면과 특히 그의 정신적인 충격의 영향을 결코 간과해서는 안 되리라 여겨진다.

도스토예프스키의 간질, 오닐과 포우의 알코올중독, 고호의 정신분열증은 이미 잘 알려진 사실이나 그들의 예술에 대해 흠을 끼친 사실은 하나도 없다. 세계적으로 나병은 약 천만 정도의 환자가 있다고 하며 아시아 650만 명, 아프리카 400만 명, 미주에 96만 명, 유럽에 약 5만 명 정도로 알려져 있다.

이집트의 파피루스(內科)에 의하면 기원전 1200년경으로 알려져 있었고 유럽에서는 6세기 이후 거의 1,000년 동안이나 크게 유행했다고 한다. 한국에서는 고려 말기 〈삼화자향약(三和子鄕藥)〉과 조선 세종 때의 〈향약집성방(鄕藥集成方)〉에 기록되어 있으며 이때는 제주도로 유배시켜 비참한 최후를 마치게 했다. 노르웨이 의사 한센에 의해 균이 발견된 후에는 나병도 전염병인 사실이 입증되었으나 아직도 천형(天刑)의 병으로 무서워하는 경향이 남아 있다.

우리나라는 1909년에 선교의였던 위르손에 의해 광주 효죽동에 이를 집단수용하여 치료한 것이 근대적인 수용소의 효시였다.

위대한 예술가의 생애에 있어서 악성인 질병과의 끊임없는 투쟁은 그와 예술을 다 같이 빛나게 할지언정 결코 흠이 될 수 없다는 사실은 변함이 없을 것이다.

칸딘스키와 동맥경화증

한 시대에 있어서 혁명적인 천재가 뿌리를 내리고 살아갈 땅은 그렇게 많지가 않다. 가혹한 박해와 냉대가 그들을 기다리고 있을 뿐이다.

칸딘스키, 그의 이름도 예외는 아니었다.

전통적인 회화 기법을 완전히 무시하고 이를 밑바닥에서부터 송두리째 파헤쳐 사물의 본질에 대한 의미를 찾으려 했던 그도 살아생전에는 인정을 받지 못했다.

"예술가는 의무감 없이 살 권리가 없으며 십자가를 질 만큼 어려운 일을 수행하지 않으면 안 된다. 따라서 예술가는 인생을 자유롭게 사는 것이 아니라 예술에 있어서만이 자유롭게 살 수 있다는 것을 알고 있어야 한다"고 말했던 그 자신의 예술에 대한 추구는 성실 그대로였다. 그가 있음으로써 비로소 추상미술이 진정한 시발을 하였고 이 천재로 말미암아 빛을 보게 된 것이다.

칸딘스키의 건강법은 산보와 식사 후 30분간에 걸쳐 차를 마시는 것이었다. 언제나 레몬 조각을 차에 넣어 마시곤 했다. 그리고 그림을 그리는 작업이 끝날 무렵엔 산보 또는 독서 등으로 기분전환을 했다.

파리생활을 할 때 그에게는 약간의 신경쇠약증이 있었다. 따라서 잠 못 이루는 밤 때문에 애를 먹었다. 보다 못한 그의 친구의 조언으로 25년간이나 중국에서 살면서 침술공부를 한 술리에드 모랑이라는 침술사에게 침을 맞자 이 증상이 없어졌다고 한다.

파리 시절에 그의 건강을 주로 돌봐주었던 사람은 닥터 베르보프였다. 러시아 태생인 그에게는 기름기를 많이 먹는 식성, 그리고 즐겨하지는 않지만 가끔 드는 독한 술로 그의 건강은 차츰 좀먹고 있었다. 그가 73세 되던 3월, 보행시(步行時)에 호흡곤란을 느꼈다.

의사의 진단은 동맥경화증이었다. 이 병은 지방의 일종인 콜레스테롤이 혈관벽에 침착을 일으키고 혈관에 탄력성이 없어지며 굳어짐으로써 일어나게 된다. 근래에 소위 '문화병'이라고 하여 이들 환자가 급증하고 있어 내과의사들은 걱정하고 있다. 이들 얘기를 들어보면, 이 병의 예방은 한마디로 혈중 지방질 함량이 높아지지 않도록 해주는 것이 가장 급선무라고 한다. 스트레스 또는 줄담배를 피우는 일, 커피나 홍차를 자주 마시는 일 등이 모두 이 병의 유인이 된다. 또한 고혈압, 당뇨병 등도 이들의 충분한 원인이 되고 있다는 얘기다. 이외에 적당한 운동을 규칙적으로 하지 않는 것이나 비만증 등도 단단히 한몫을 한다고 설명하는 의사들조차 뚱보들이 많으니 알고도 모를 일이다. 결국 실천한다는 것이 얼마나 어려운 일인지 알 수 있게 해준다.

칸딘스키가 프랑스로, 독일로 떠돌이 생활을 하면서 자신의 예술이 별로 인정받지 못하는 환경 속에서 고독한 투쟁을 한 것이 얼마나 많은 스트레스를 안겨주었을지는 상상하기 어렵지 않다.

발병하던 그 해, 자신이 항상 행운의 숫자라고 여기던 13일에 유명을 달리했다. 사인은 소뇌경화증(小腦硬化症). 오랜 동맥경화증이 또한 이 병을 유발한 경우였다.

임종의 방에 한 권의 성서와 몇 장의 손수건 그리고 그림 몇 장만 있는 속에서 비참하게 죽어간 위대한 화가 렘브란트와는 달리 그의 곁에는 부인 니나 칸딘스키가 지키고 있었다.

그의 장수(長壽)가 어느 정도 가능했던 가장 큰 이유는 역시 평소의 절제 있는 생활 태도와 부인의 보살핌이 가장 컸다.

칸딘스키 추상미술이 빛을 보게 된 공로는 오직 장수하도록 돌봐준 부인에게 그 공을 돌려야 할 것이다. 단명했다면 칸딘스키의 추상미술이 만개할 수 없었기 때문이다.

비비안 리와 결핵

영원한 햄릿으로 불린 명우 '로렌스 올리비에'의 부인. 그리고 명화 〈바람과 함께 사라지다〉의 주인공 '스칼렛 오하라'역의 그녀를 기억하고 있는 사람은 많다. 그녀의 연기는 미국 남부지방의 드센 여인상을 그리는 유일한 '스칼렛'일는지도 모른다. 전쟁-파괴와 죽음과 삶이 뒤범벅된 역사의 뒤안길, 가정도 사랑도 자식도 앗아버린 대지에 홀로 서서 그녀는 절규한다. 불꽃이는 눈매로 마디가 굵어진 손을 흔드는 그녀의 창백한 얼굴은 차라리 성스럽기조차 하였다. 명우의 생명을 앗아간 폐결핵. 본래가 약질인데다가 고질이 된 그 병은 현대의학도 별수없었다. 우리는 그녀 없는 '스칼렛'을 생각할 수 없고 '스칼렛'역 아닌 그녀를 상상할 수 없다. 마가렛 미첼이란 무명의 한 주부가 쓴 이 작품은 그녀의 연기로 더욱 빛을 발휘했던 것이다.

　한때 망국병으로 불리던 결핵도 그 동안 온갖 심혈을 기울인 보건정책과 공중보건의 발달로 이젠 고개를 많이 숙였다. 투베르쿨린 반응 검사에 우리나라 유치원 아이들의 양성률이 25%,

반면에 미국 아이들이 2~3% 정도밖에 되지 않는다. 또한 우리 초등학교 아동의 40~50%에 비해 미국은 불과 3~5%. 우리가 얼마나 결핵균에 개방된 환경에서 살고 있는가를 여실히 증명해 주는 통계숫자이다.

결핵을 감기 정도로 쉽게 나을 수 있다고 경시하는 것은 금물이다. 근래 결핵약의 남용으로 인한 난치 결핵의 증가는 커다란 문제가 되고 있다. 올바른 의사의 지시에 따른 적절한 치료만이 결핵의 공포에서 벗어날 수 있다.

파스, 나이드라짓드, 스트렙토마이신과 같은 특효약이 발견되기 전에는 산골짜기의 뱀이 수난을 당하였고 보신탕에 희생된 수많은 개들이 있었다. 그러나 이들 동물들은 양질의 단백질을 공급하는 데만 그 의의가 있음이 알려졌다.

이 병에는 조기 치료와 적당한 환경조건, 풍부한 영양이 필수적이다. 아무리 체격이 훌륭하고 겉으로는 멀쩡한 사람도 이 병에 감염되어 있음을 자주 본다. 또한 가족 중에 환자가 발생했을 때는 전가족의 결핵 관리가 필요하다.

가난은 이 병의 반려자. 그것도 아주 서로를 손짓해 부르는 이웃사촌이라고나 할까. 때문에 오늘날의 보건 문제는 의사들만이 해결할 수 없는 이유가 여기에 있다. 국가시책이 뒷받침되어야 하며 사회사업가의 적극적인 참여가 아쉬워진다. 가난한 사람들의 아름답고 서러운 얘기를 쓴 〈동백꽃〉 작자 김유정은 30세, 〈날개〉의 이상은 28세의 젊은 나이에 결핵으로 인하여 생명의 등불이 꺼졌다. 가난과 천재는 숙명적일까.

그러나 남의 집 마당 가운데서 가래침을 칵 뽑아 내뱉는 광경은 반드시 가난 때문이 아닐 것이다. 자학의 논리로 스스로를 묶어가며 살아가는 한국인의 빈곤한 위생관념이 우리를 슬프게 만든다. 세르반데스는 〈돈 키호테〉의 입을 빌려 "건강의 시작은 질병을 아는 것이다"라고 하였다.

우리는 천재들의 요절을 더 이상 바라지 않는다.

에디뜨 삐아프와 고독

"언제나 인생이 우리 둘 사이를 갈라놓아도 그리고 당신이 죽음으로 인하여 먼 곳으로 가버릴지라도 당신이 날 사랑한다면 아무것도 아니야…."

삐아프의 유명한 〈사랑의 찬가〉다.

시인 장 콕토가 삐아프를 가리켜 "그녀 이전에 누구도 없었고 그녀 다음에 누구도 없었다. 그녀는 흉내 낼 수 없을뿐더러 '이베뜨 갈리베르' '시몬느 조르주' '라쉬르 레잔느'와 함께 프랑스의 밤하늘의 그 고독 속에서 빛나는 별이다. 몸을 스스로 태우며 빛나는 별이다"라고 외쳤다.

전후 최대의 샹송 가수의 한 사람이었던 삐아프. 불사조와도 같은 생명력으로 인생과 예술에 도전했던 삐아프.

그녀야말로 서민의 눈물과 한숨 그리고 기쁨을 그대로 노래했던 프랑스의 보석이었다.

그러나 마약과 위궤양, 폐암과 간장염과 수많은 교통사고 그리고 고독이라는 병은 일생 동안 그녀를 괴롭혔다.

그의 병력을 늘어놓으면 참말로 놀랄 만하다. 1951년부터 1963년까지 그의 전성기에만도 자동차 사고 네 번, 자살미수 1회, 마약중독 치료 4회, 간성(肝性) 혼수상태 3회, 정신발작 1회, 수술 7회, 기관지염, 폐렴 2회, 폐수종 1회를 앓는 등으로 병상 일지를 정리하는 의사들도 어이없을 정도였다.

그러나 육체적인 병보다도 삐아프를 더욱 괴롭힌 병은 바로 고독이었다.

밑바닥 인생부터 출세한 그녀는 사람들의 위선에 대한 혐오감이 대단했다. 그녀는 반항했고 그리고 그들 모두를 사랑했기 때문에 노래한 것이리라. 그녀를 비웃는 사람들을 위해서까지도.

철학자 키에르케고르는 고독은 죽음에 이르는 병이라고 갈파하였다. 생리학자들에 의하면 사람에게는 두 종류의 고독이 있다고 한다.

첫째는 대뇌피질(大腦皮質)의 변연계(邊緣系)에서 생기는 집단욕 때문에 생기는 고독과 둘째는 뇌의 신피질(新皮質)에서 이룩되는 창조행위, 즉 자기 자신이 무엇인가를 알아내려는 이 욕망은 다른 사람의 존재를 멀리해야만 가능하기 때문에 이러한 창조 행위에서 생기는 고독이었다.

고독과 끝없는 투쟁을 벌인 그녀도 1963년 4월 10일, 프랑스의 리바레 병원에 입원했다. 혼수상태에서 간신히 회복하자 심한 발작이 일어나 무려 2주간이나 지속되었다. 그 동안 무절제한 생활과 마약과 알코올중독으로 나빠진 간의 병이 막다른 골목에 접어든 것이다.

그러나 기적적으로 조금은 회복이 되는 것 같았다. 6월에 엎친 데 덮치는 격으로 폐렴이 발생하여 8월 20일 칸의 병원으로 옮겼다. 이때는 암세포도 전신에 쫙 퍼져 있는 상태였다. 그가 뉴욕에서 수술을 받았을 때 이미 폐암이 발견되었던 것이다.

그 자그마한 몸속에 중병이라고 이름 붙은 병은 모두 담고 있는 듯한 그녀는 최후까지 절망하지 않았다고 한다. 호흡이 가빠오면서도 그녀의 잿빛 눈동자만은 빛을 발하고 있었다. 코르티손요법으로 부석부석해진 그 얼굴로 죽는 순간까지 노래를 부르고 싶어했다.

1963년 10월 14일 고통 속에서 삐아프는 죽어갔다. 그가 사랑하던 대중들의 슬픔 속에서. 그러나 47세로 끝난 이 여성의 생애는, 평범한 사람들의 생애보다 몇 배나 뜨겁게 살다 간 대표적인 경우였다. 고독은 그를 평생 괴롭힌 병이었으나 또한 괴로운 인생을 살아가는 데 활력소가 되었다.

발렌티노와 복막염

역사상 전대미문의 대영토를 손아귀에 넣은 징기즈칸은 남러시아 침공 후 유한한 생명에 공포를 느꼈다. 그래서 중국의 장춘진인이라는 도사가 생과 사를 자유자재로 한다는 참모들의 건의로 그를 불렀다.

상대는 대권력자. 그 앞에 엎드려 있는 도사의 어깨가 사시나무 떨 듯했다.

"그대 도사여, 어떠한 생의 약이 있는가? 있으면 나에게 서슴없이 알리렷다."

사자와 같은 징기즈칸의 목소리가 터져나오자 무의식중에 고개를 뒤로 젖힌 도사, 떨리는 목소리로 아뢴다.

"위생의 길은 있습니다만 장생의 길은 없습니다."

루돌프 발렌티노란 이름은 지금도 여성계에서는 불멸의 연인으로 불리고 있다. 동양적인 마스크와 정열적인 연기로 뭇 여성의 마음을 매혹시켰던 그는 사후에도 수많은 화제를 남긴 장본인이다.

이탈리아 출신으로 소년 시절 미국으로 건너가 온갖 고생 후에 할리우드의 대스타가 된 그의 일대기는 미국이란 나라의 불가사의한 면을 보여준다.

〈춘희〉, 〈독수리〉, 〈열사의 무(舞)〉 등에서 그가 정열적인 연기를 보여줄 때마다 전세계의 여성들이 와글와글 집단 히스테리증에 걸린 것처럼 정신이 없었다.

그가 31세의 젊은 나이로 죽었을 때 장례식의 인파는 3만여 명에, 영원한 연인의 마지막 행렬에 벗어던진 여자들의 스커트는 무려 한 트럭 반이나 되었으니 발렌티노도 염복(艶福)에 있어서는 죽은 후에라도 회한이 없을 것이다. 매년 8월 23일이면 그의 사망 기념일이 되는데 이때면 추도식에 참석하는 화제의 '검은 베일의 여인'이 금년에도 참석하려는지 관심거리다.

발렌티노야말로 위생의 도를 터득 못 한 대표적인 인물이다. 밤낮 없는 연예계의 불규칙한 생활과 자유분방한 생활태도, 그리고 정상을 지키기 위한 끊임없는 정신적인 긴장감이 그를 병마에 휩쓸리게 했다.

그는 죽기 38일 전 시사회에 다녀오던 길에 갑자기 복통을 일으켰다. 진단 결과는 위궤양에 폐렴 그리고 늑막염까지 겹쳐 있었으니 겉만 번지르르한 그도 실상은 중환자였다. 위궤양의 출혈은 급기야 복막염으로 되어 당시 미국의 내로라하는 의료진이 총동원되었으나 결국은 눈을 감고 만다.

38일간의 치료 기간 중 미국과 유럽의 화제는 온통 그의 병세에 관한 것이었다. 일진일퇴하는 병세에 따라 웃고 울고 하였으니 대중문화의 영웅의 위력을 유감없이 발휘한 셈이다.

복막염의 원인에 대한 통계는 위궤양 천공 20%, 수술시 감염 20%, 장중첩증 7%, 골반염증 7% 그리고 맹장염으로 인한 경우가 4%에 이른다. 맹장이 터지면 복막염이 되어 죽는다는 인식이 우리 사회에서는 철저해서 배만 아프면 "맹장이 왼쪽에 있습니까, 오른쪽에 있습니까?" 하고 숨넘어가는 소리로 전화 문의를 하는 경우가 많다고 외과의사들은 호소를 한다.

밑바닥을 헤매는 가난하고 무지한 사람들의 얘기를 쓴 서해(曙海) 최학송(崔鶴松) 자신이 가난과 고생 속을 살아왔던 인생역정 끝에 위궤양을 얻게 된다. 위수술 결과가 악화되어 서울 삼호수병원에서 32세로 생애를 보냈다.

명예와 생명을 맞바꾼 발렌티노의 일생에서 현대인의 고독을 엿보게 한 경쟁과 투쟁적인 삶이 수많은 스트레스를 안겨주고, 이는 쥐 소금 먹듯 더할 나위 없이 귀중한 우리들의 생명을 단축시킨다. 인생에도 연습이라는 게 있다면 오죽 좋으련만.

제3부

히포크라테스의 곡(哭)

정당한 비판은 용기가 필요하기 때문에 인간 생존의 의의를 발견하는 것 같아 사람의 마음을 뿌듯하게 만든다. 비판은 세상을 앞서가게 만들고 서로 미워하던 마음을 화합시키고 인정을 불러일으킨다.

착각의 노예

 일상생활에서 착각처럼 무서운 것은 없다. 착각처럼 삶의 패러독스와 홍소(哄笑)를 함께 불러일으키는 것 또한 없을 것이다. 누구는 삶 그 자체도 착각으로 시작해서 착각으로 끝난다고 했거니와 착각은 언제나 그 결말로 인하여 비극성을 잉태하게 마련이다.

 모파상의 작품을 예로 들지 않더라도 사람 살아가는 데 그 착각 때문에 얼마나 많은 사람들이 웃고 울고 그리고 괴로워했는지. 이 착각처럼 저주받고 미움받은 말 또한 그리 많지 않을 것이다.

 자기가 세상에서 제일 잘났다는 착각, 자기가 죽으면 모든 세상 사람들이 꺼이꺼이 울 것이라는 생각, 하늘과 빛과 그리고 오월의 그 향긋한 내음을 뿜어내는 풀조차 자기를 위해 존재한다는 그 소박한 생각, 이러한 착각이 때로는 사람을 행복하게 만들기도 하고 슬픔을 안겨주기도 한다.

 때문에 착각은 사람에게 때로는 필요하다는 그 말을 억지로

만 몰아붙이기에는 조금은 매정스럽다는 생각도 든다.

자기의 판단 기준만이 가장 옳다는 생각, 자기는 그 무엇이라도 비판하고 감정(鑑定)할 수 있다는 그 당연한 이론 앞에는 비판이 아니라 비지성적인 비난만이 말라 뒤틀린 잡초 더미처럼 초라하게 놓여 있다는 사실을 까맣게 잊고 만다.

사물을 보는 눈이 사물의 본질을 꿰뚫어보고 평가하려는 이지가 결여될 때 그것은 단순하고 추악한 비난이라는 걸 사람들은 잠시 잊고 있다.

모 총장이 어느 칼럼에 썼던 말이 우리들의 가슴속을 따갑게 파고든다.

"비판하는 자야말로 상대방보다 더욱 뛰어난 수준이든지 최소한 그 정도의 자격은 갖추어야 한다."

세상만사 남을 탓하고 남을 입으로 난도질하고 쾌재를 부르며 삶의 즐거움을 누리는 사람들은 무슨 잠꼬대 같은 소리이고 공맹(孔孟)의 당치 않는 제자연하는 놈이냐 하고 호통을 들을 법하다.

남보다도 앞서 상대방을 비난하여야 제가 잘난 것이고 심지어는 나 아닌 모든 사람을 비난하여야만 자기가 존립할 수 있다는 생각은 강박관념이 분명하건만 이러한 사람들이 때로는 영웅시되는 걸 보면 세상은 분명 요지경 속이다.

비난받아야 마땅한 사람이 남 먼저 팔을 걷어붙이고 비난을 위한 비난에 앞장서는 세상이니 아무리 약육강식이 동물 세계의 생존수단일망정 사람은 분명 동물은 아니다.

히포크라테스의 곡 189

비난의 자질구레한 희생자를 우리 주위에서도 얼마든지 볼 수가 있으나 두드러지게 객관적인 평가를 받아 마땅한 사례는 조선 5백 년의 그 처절했던 당쟁이다.

이름이 당쟁이지 조금 고약하게 말하면 이건 숫제 언살(言殺), 다시 말하면 입으로 사람을 후려잡는 잔인한 살인행위였기 때문이다. 이러한 고약한 행위가 비틀린 공맹 도구를 빌려 사람을 위압하고 진실을 가장하여 사실을 왜곡시키고 사람의 눈물조차 단순한 소금물로 만들어버릴 뿐 아니라 사람의 피조차 붉은 물감으로 만드는 그 재주, 그 비난의 말들이야말로 감탄을 불러일으키기에 앞서 우리를 전율하게 만든다. "세상에 무엇이 무섭다 해도 말처럼 무서운 것이 없으리라"는 선인들의 뜻을 이제야 어렴풋이 짐작하고 무릎을 딱 쳤다는 친구의 눈은 차라리 울고 있었다.

자기의 눈물을 이제야 찾았다는 친구의 그 역설은 무엇일까. 자기의 눈물조차 주위의 비난 앞에 혹시 눈에서 흘러내리는 게 0포인트 몇 %라는 단순한 소금물이 아니었을까 하는 착각을 갖도록 비난은 무서운 힘을 갖고 있더라는 말 앞에 유구무언. 언어라는 건 실상은 극한에서는 아무 쓸모가 없는 것이리라.

그러기 때문에 남을 비난 잘하는 자가 비판에는 옆에도 가지 못하는 까닭은 자명해졌다. 왜냐하면 비판은 지적인 뒷받침이 있어야 하고 감정적이 아니기 때문이다. 비판은 자신의 비판을 또한 비판할 줄 아는 용기와 지혜가 뒤따라야 하기 때문에 비난과 감별이 된다. 그러나 범인들에게는 비난하는 자의 교활함에 따라 양자가 선뜻 구별이 안 되어 어리둥절하게 마련이다. 사람의 비극은 여기서 비롯되리라. 사물의 본질을 꿰뚫어볼 수 없는 사람의 위약성 그리고 그 조그만 존재임을 더욱 깨닫게 되고 그저 슬플 수밖에 없는 존재임을 못내 안타까워한다.

또한 정당한 비판이 얼마나 어렵다는 걸 깨닫는 순간 이러한 비판이 아쉬워진다는 사실을 다시금 발견하고선 깜짝 놀라게 된다.

비판은 분명히 세상의 소금이다. 비판은 청과일처럼 발랄하고 청결한 감정을 인간 세상에 안겨준다.

비판은 용기가 필요하기 때문에 인간 생존의 의의를 발견하는 것 같아 사람의 마음을 뿌듯하게 만든다. 비판은 세상을 앞서가게 만들고 서로 미워하던 마음을 화합시키고 인정을 불러일으킨다. 비판이 비판이 아닐 때의 그 상황을 상상해 보라. 온갖 아우성과 저주와 노호 속에 사람은 아수라와 같은 존재가 되어 어쩔 줄을 모르게 된다.

비난과 비판은 손바닥이고 손등이다. 오른쪽귀이고 왼쪽귀이다. 오른쪽귀가 영원히 왼쪽귀가 될 수 없듯이, 손바닥이 영원히 손등이 될 수가 없는 것이 분명하듯이, 서로 다를 수밖에 없을 것이다.

그러나 사람들의 착각은 여기에서도 예외가 아니다. 억지로 왼쪽귀를 떼어다 오른쪽귀에 세워 왼쪽귀가 오른쪽귀가 되었노라고 세상을 향하여 고래고래 악을 쓰는 사람이 얼마나 많은가. 심지어 머리가 발에 붙어 있어도 있을 것만 다 있고 그 개수만

맞으면 사람이 아니냐고 우기는 사람들 또한 그 얼마나 많은가. 그건 괴물이지 분명 사람은 아니다. 사람은 오관을 고루 갖추고 있어야 한다. 물론 다소의 예외로 본의 아니게 불구가 된 사람도 있으나 머리통이 발에 붙은 불구는 아무리 기형아의 출산율이 상승하고 있는 지금이지만 그 예가 없으며 또한 있을 수도 없을 것이다. 그러나 비난하는 자들은 능히 이를 가능하게 만들려고 애를 쓴다. 그 착각은 또한 인간이 신이 될 수 있다는 망상에 사로잡히게 되고 만다.

그러나 착각이 위와 같은 부정적인 면만 있는 것은 아니다. 자기가 사랑받고 있다는 착각, 자기가 영원히 기억되리라는 착각 그리고 고향은 항상 나그네를 기다리고 반긴다는 착각, 이러한 수많은 착각들이 사람을 또한 흐뭇하게 한다.

착각은 또한 뜻하지 않는 구원자가 될 때도 있다. 사랑하는 사람의 변심이 절대로 아니었다는 착각 속에 일생을 보낸 사람이 승화된 마음으로 인류의 역사에 찬란한 빛을 발했던 경우도 허다하다.

그리하여 착각은 인생의 과정에서 온갖 형태로 사람들을 휘감고 갖가지 일을 만들고 운명의 고삐를 쥐고 흔든다. 그리하여 인간이 얼마나 대단치 않은 존재인가를 가르쳐준다.

비난이 비판으로 착각되는 사회야말로 밝고 소망스러운 사회는 분명 아닐 것이다. 눈을 바로 뜨고 귀를 크게 기울이고 사각사각, 우리 주위로 엄습하는 착각의 발걸음을 헤어볼 사람만이 진정한 의미에서 구도자가 아닐까.

의사란 누구인가

오늘날 여러 직업들이 전문화되고 각 직업인 사이에 깊은 오해와 불신의 벽이 높이 도사리고 있는 것도 사실이다. 이러한 갈등은 상호 직업에 대한 서로의 이해로서 다소간 해소될 수 있다고들 하지만 참으로 어려운 일이 아닐 수 없다.

의사에 대한 오해와 불신이 오늘날처럼 두터웠던 적도 그리 많지는 않을 것이다. 이러한 오해의 뿌리를 가려내기에는 아주 어려운 일일뿐 아니라 사회병리학적인 면에서도 잘 짚고 넘어가야 한다고 생각한다.

의료계 자체에서도 밖에서 그 원인을 찾아내고 탓하기에 앞서 스스로 이를 반성하고 규명하여야 할 단계에 와 있는 건 아닌지 모르겠다.

우리 주변에서는 의사를 가리켜 돈 많은 사람이라는 인식이 높다. 의사란 직업이 고도의 전문직이란 인식이 깔리지 않은 우리 현실에서는 그러리라 여겨지나 의료직=전문직이란 공식을 의사=돈이란 공식으로 곧잘 맞추려 드는 사회인들의 인식에 대해 의사가 어떻게 대처해야 하는가도 또한 큰 문제가 아닐 수 없다.

두 번째로 부딪치는 문제는 의사에 대한 인격적인 불신이다. 오랜 교육 기간과 수련 기간은 선망과 존경의 대상이 되어온 것이 사실이나 일부에서는 의사를 가리켜 사뭇 삿대질이다.

"제까짓 것들이 학교 좀 오래 다녔다고…."

이러한 사람을 아무리 탓해 보았자 달걀로 바위치기일 뿐이다. 위와 같은 불신은 비단 오늘에만 있는 것도 아니다. 고대 이집트 시대에 살았던 의성(醫聖) '이므호테프'가 오직 이런 비난에 가슴 아파하다가 죽어갔다는 것은 잘 알려진 사실이다. 또한 히포크라테스가 살았던 시대에도 예외는 아니었다. 그는 이러한 문제를 만날 때마다 제자들을 설득하려고 애를 썼다.

그러나 오늘날 이러한 불신 문제가 더욱 심각하게 받아들여지고 있는 것은 국민 보건을 위한 의사들의 사기를 극도로 위축시킬 지경에 와 있다는 점일 것이다.

얼마 전에 겪었던 얘기 한토막이다.

밤 열두 시도 훨씬 넘어설 무렵이다. 현관문을 벼락치듯 두드리는 소리에 잠에서 깨었더니 문 좀 열어달라는 소리가 들린다. 아래층 숙직실에서 자고 있던 간호사들은 잠에 취해 전연 모르고 있었다. 옷을 주섬주섬 입고는 아래층으로 내려가 문을 열어주었더니 30대의 어떤 남자가 세 살쯤 되는 아이를 안고 들어오는데 열이 있는 것 같다. 들어오면서 애기 아버지가 불쑥 내뱉는 말,

"선생님은 아직 돈을 완전히 못 벌어 문을 열어주십니까?"

이건 사뭇 시한폭탄이다. 의사도 사람인지라 표정이 달라질 수밖에.

"여보시오. 지금이 몇 시요. 무슨 말씀을 그렇게 하십니까?"

언짢은 기색을 짓자 아이의 아버지가 고개를 숙이며 말을 한다.

"선생님, 죄송합니다. 여러 곳 두드렸으나 여의치 못해 불쑥 말이 나왔습니다. 정말 죄송합니다."

이런 사람은 그래도 순진한 사람이다. 인술을 말 앞에 내세우며 의사에게 희생 봉사를 강요하는 사람들이 더욱 문제가 아닐 수 없다. 의사도 사람이라는 사실을 전혀 생각지 않는 사람들이 바로 그들이다. 자기 나름으로 인술을 끌어들여 억지 논리의 방패로 사용하려는 이들 때문에 문제는 더욱 복잡하여진다. 이런 사람일수록 남을 위한 봉사나 희생에는 무관심하고 오히려 조소하는 사람들이 많은 것 같다.

또한 제도적인 여러 미비와 불신 때문에 의사들이 그 죄를 뒤집어쓰는 경우도 많다. 야간에 응급환자가 발생했을 때 환자를 후송시킬 응급 차량이 문제고, 이들 응급환자를 수용하고 신속한 진료를 할 수 있는 응급실 운영이 문제고, 돈 없는 사람들이 우선 응급치료를 받을 수 있도록 치료비에 대한 공적 보조가 우선되어야 한다.

전남 나주에서 있었던 어떤 의사의 당직날. 마침 일과가 끝난 후에 친구가 내려와서 한잔 한 김에 곯아떨어짐으로써 응급

환자가 결국 죽게 되었고 이로 인한 빗발치는 여론 앞에 거의 반죽음이 되다시피 한 의사에게 법 또한 냉혹했다. 시골 병원이야 하루걸러 당직이다. 이건 사람이 일하러 태어났는지 살려고 태어났는지조차 구별이 안 되는 삶이었다.

의사에게는 단 한 번의 실수도 치명적이다. 사람이 휴식 없이 스트레스를 받으면 어떻게 된다는 것은 다 아는 사실이다.

예방접종 문제에 있어서도 백일해가 만연되어 수많은 어린이들이 이 병에 걸려 고생하고 있는 현실임에도 의사들이 기를 쓰고 이를 기피하고 있다. 이는 디피티 접종으로 인하여 급성뇌종이 와서 사망하는 아이들이 있기 때문이다. 단적으로 "법은 멀고 주먹은 가깝다"는 우리 현실이 의사들에게 그렇게 하도록 만든 것이다. 어느 신문에 이 접종 사고를 다룬 기사가 실려 있었는데 독자의 말을 빌려 "의사들이 그만한 소신이 없어서야 어찌 의사 노릇을 하는가" 하고 사뭇 강경한 어조로 말한 것을 그대로 전하고 있었다.

백 번이나 천 번이나 옳은 말이 아닐 수 없다. 의사가 자기 의술에 대한 신념이 없고서야 어찌 환자를 진료하겠다고 나서겠는가.

그러나 비분강개하여 의사들을 비난하는 사람일수록 의사가 불가항력인 사고를 당하였을 때 조금도 의사를 이해하려 들지 않고 궁지로 몰아붙이는 이런 부류의 사람이다.

그러나 의료계가 당면한 여러 문제들을 외부로 그 책임을 돌리기에는 의사 자신들에게도 또한 겸연쩍은 일이고 응어리져 있는 그 점이 또한 문제다.

과연 의사들 자신에게 남는 문제는 무엇인가.

의사란 자신의 고독을 극복할 수 있는 사람인가? 의사란 자기의 신념에 전영혼을 바칠 수 있는 끈기의 소유자인가? 의사란 자기의 눈과 귀와 손이 끊임없이 다른 사람의 고통의 신음소리를 찾아 헤매는 적극적인 사람인가? 의사란 자기 심장의 피가 다른 사람에게도 똑같이 뜨겁다는 사실에 감동하는 사람인가? 이렇듯 자문자답할 줄 아는 겸허한 마음의 소유자가 바로 진실한 의사다.

남의 고통을 전혀 이해하려 들지 않는 사람, 남의 눈물을 수도관의 누수처럼 무심히 바라보는 사람이 만에 하나라도 있다고 하면 그 사람은 의사가 될 수 없는 사람이다.

결국 의사란 적성에 맞는 소수의 사람이 해야 할 직업 중의 하나다. 그러나 복지를 으뜸으로 삼는 현대에는 수많은 의사가 필요하다. 그래서 매년 의과대학이 새로 설립되고 있다.

그러나 의사에 대한 사회 인식의 저변에 깔려 있는 많은 편견을 접할 때마다 일선에서 종사하고 있는 의사들의 마음은 답답하다.

심지어 최고의 지성을 자랑하는 사람들까지 의사의 얼굴이 만 원짜리로 보인다는 농담을 서슴지 않는 것을 대하면 그저 괴로울 뿐이다.

그러나 아무리 시대가 변하고 의사의 위상이 변하더라도 변하지 않는 것이 있다. 그것은 의사란 사람의 생명을 다루는 사람이라는 점이다.

　죽음과 생명의 그 절박한 한계, 하늘과 땅의 차이보다도 더욱 아득한 것이 이 경계라는 점을 항상 인식하고 있는 사람도 또한 의사라는 점이다.

　때문에 한 사람의 육체에서, 정신에서, 그의 건강과 함께 맺는 진실의 열매를 얼마나 소담스럽게 여기는가도 또한 의사다. 그리하여 항시 눈을 부릅뜨고 지켜보아야 하고 자신에게 반문해야 할 말이 있다.

　"의사란 과연 누구인가?"

히포크라테스의 곡(哭)

 천직이란 말이 있다. 하늘이 그 사람의 삶을 영위하는 데 부여해 준 직업이란 뜻으로 해석된다. 그러나 이 말의 뉘앙스는 다분히 체념과 운명론적인 뜻을 풍긴다.
 과연 천직이란 존재하는 것인가? 운명론적이라는 것이 우리들의 머리로는 이해가 갈 것 같으면서도 강한 저항감에 부딪히기도 한다. 누구나 직업을 선택할 자유가 있다. 문제는 성실성 여부이고, 이것이 가치척도가 되어야 하지 않을까 한다. 의사란 직업이 있다. 이 직업을 얘기할 때에는 언제나 들먹이는 말이 두 가지가 있다. 히포크라테스 정신과 돈이다.
 고대 희랍의 의인이었던 히포크라테스는 그의 경구로써 더욱 유명하게 되었다. 그 자신이 참말로 그의 말대로 의술을 행하였는지는 알 길이 없으나 의원양성소에서 후학들을 가르치면서 계속 강조하던 말들이 불변의 진리가 되었다. 지금도 의사들의 좌우명으로 항상 의도(醫道)를 가르치고 있는 것이다. 요즈음의 히포크라테스는 바쁘다. 걸핏하면 어느 의사가 환자의 보호자가 없다는 등의 구실로 진료거부를 하였다고 하여 온통 비난이다. 소중한 인명을 소홀히 취급했다고 하면 당연히 비난받을 수도 있는 일이다.

그러나 정말로 모든 책임이 의료인에게만 있는 것인지 한 번쯤은 생각해 볼 문제 중의 문제다.

버나드 쇼는 "모든 전문직은 속인들을 속이려는 음모이다"라고 하였다. 천하 제일의 해학가인 그의 말을 빌릴 것도 없이 의사직에 대한 불신은 사회의 식자층까지 파급된 현실이다. 얼마 전에 모일간지 편집 책임자를 만난 일이 있다. 환담 끝에 그는 이렇게 물었다.

"항간에는 첫애기 엄마가 육아상식이 전연 없는 것을 기화로 의사들이 애기병 치료 기간을 늘였다 줄였다 한다는데 정말입니까?"

평소 농담할 때와는 다른 진지한 그의 표정을 보니 '이거 정말 안 되겠다'는 생각이 번쩍 들었다.

"의사가 무슨 마술사인 줄 아십니까? 늘였다 줄였다 하다니요. 환자들의 오해를 중간에서 풀어주고 계몽시켜야 할 당신이 그렇게 무식할 수가 있소."

이렇게 힐문을 하였다.

요즈음의 세태가 자기 외에는 모두 적이고 부정인 판국에 의사가 성직이라고 우기는 의사를 본 적이 없다.

물론 오늘의 의료실태가 많은 문제를 안고 있음은 결코 부인하지 않는다. 오히려 시급히 시정되고 개선되어야만 한다는 뜻에 동조한다. 그러나 의료인들에게 삿대질을 하고 흥분하고 분 개해야만 개선이 될 성질도 아닌 것 같고 결국은 자기의 정의감을 포만시켰다는 자위감이 앞서는 경우가 많다. 오늘날 의료인들이 안고 있는 문제점들을 예를 들어 허심탄회하게 생각해 보기로 한다.

돈

어느 때부터 의사가 진료의 대가로 보수를 받았는가는 확실치 않다. 고대 이집트에서는 의료인들이 상당한 대우를 받았음이 문헌을 통하여 알려지고 있다.

상당한 대우란 물론 경제적·신분적인 예우를 말한다. 바빌로니아에 있어서도 《함무라비 법전》에는 명백히 의사의 진료에 대한 보수와 책임을 기록하고 있다. 히포크라테스 시대의 의학은 이집트의 의학이 전수된 것이 대부분이었다고 한다.

'이므호테프'라는 의성이 의료인 양성소를 두어 수용된 학생들에게 의술의 도리와 기술을 가르쳤다.

정당한 보수를 넘어선 진료수가는 분명히 부도덕한 것이다. 그러나 생활인으로서 의사라는 '직업' 또한 고려해야 할 것이다.

오늘의 의료행위는 의사를 양성하기 위한 막대한 금액과 시간 그리고 하루 다르게 변해가는 의료기술과 시설투자 때문에 점차 고급화되어 가고 있다. 이것이 과연 우리 실정에 꼭 바람직한가의 여부는 여기서 논의하고 싶지 않다. 다만 어느 정도가, 어느 경우가 정당한 진료 보수인가는 참으로 그 결정에 곤

혹을 느낀다.

진료거부

얼마 전에 서울에서 있었던 일이다. 두 살 난 여아가 급성폐렴으로 밤 10시경 인근 개인의원 세 곳을 전전했다. 환자 상태가 위독하여 종합병원으로 후송을 권하였고 적십자병원, 남부소화병원, 세브란스병원 등을 돌다가 한일병원에서 끝내 숨진 사건이다.

충격적인 일이었다. 언론에서는 인술을 외면한 처사라고 맹타를 하였고 여론은 분분했다. 그리고 지금은 잠잠하다. 지금도 어느 곳에서 또 그러한 일이 일어나고 있는지도 모른다. 아니 앞으로도 계속 있을 것이다. 어째서 우리 사회는 이렇게 즉흥적이고 충동적인가 하는 생각이 든다.

문제의 제기는 무서운 기세로 내밀고 며칠을 못 가서 흘러간 노래처럼 되어버린다. 어느 의미에선 그 폐렴 환자는 반드시 죽게 되어 있었다. 홍역이라는 병을 가볍게 여기고 방치했던 무지와 경제적인 여건, 야간 응급환자에 대한 즉각적인 후송절차가 미비된 상태, 제도적인 뒷받침이 미비한 현실 속에서 안주하려는 의료인의 진료 태도 그리고 여태껏 이러한 제도적 허점을 피안의 불처럼 무관심으로 일관하였던 모든 사람들이 공모자라고 할 수 있다.

최근에는 생활이 어려운 사람들을 위한 의료대책이 국가시책으로 이루어져 가고 있어 다행이지만 그전까지는 거의 전부가 의료인의 '인술'과 '성의'에 위급한 생명이 맡겨져 왔다.

시급한 제도적 보완과 의료행위에 대한 신속한 뒷받침은 거북이걸음만도 못한 것이 우리의 실정이었다. 의료계에서 그렇게 염원했던 신분보장법과 예방접종시 불가항력인 사망환자에 대한 책임의 법제화 문제가 어느 시점에 와 있는가를 알면 이해가 갈 것이다. 의사가 그만한 위험에 대해서 신념이 없으면 어떻게 의료행위를 하느냐고 삿대질을 하는 사람일수록 사건이 발생했을 때에는 일방적으로 의사를 잡으려는 사람임을 현실은 가르치고 있다.

제도적인 보완과 의료현실에 대한 직시와 이해 그리고 의료인 자신들의 자성은 세상에서 하나뿐인 우리의 생명을 스스로 지키는 것이 될 것이다.

결론적으로 직업에 있어서 극도의 세분화와 전문화 과정을 겪고 있는 현대에 있어서 오해를 빚기 쉬운 직업인 간에 한 줄기의 삶에 대한 연대적인 윤리의식은 우리들의 등불이요 가치여야만 한다.

한 여의사의 죽음이 의미하는 것

정의와 복지사회의 건설이 국가시책의 주요 목표가 되어 있는 요즈음, 온 국민들이 무엇인가 마음을 신선하게 하는 일이 없나 하고 기대하는 차제에 그 사건은 모든 사람에게 충격이 아닐 수 없었다.

'안양 여의사 자살 사건'이 바로 그것이다. 우선 생명을 다루는 의사가 자기의 생명을 끊었다는 사실 자체는 비극적이라고밖에 달리 표현할 말이 없을 것이다. 더군다나 남편과 어린 자식들을 거느리고 2천만 원의 부채에 쪼들리다 타계한 그 절박했던 상황의 이해는 당사자 외에는 이해에 한계가 있을 것이다.

보도에 의한 사건의 개요는 1980년 10월에 경기도 안양시에 있는 대양정형외과의원에 응급환자가 내원하였다. 외과전문의 겸 마취과 의사이기도 하였던 장모 원장은 즉시 응급치료를 시작하였으나 환자가 사망하자 가족측은 의사의 과오로 환자가 숨졌다고 항의, 사직 당국에 고발을 수차례 하였고 병원을 점거하여 갖은 행패를 자행하였다고 한다.

사직 당국의 면밀한 조사 결과 두 번이나 과실에 대한 혐의가 없음이 밝혀졌는데도 환자측의 행패는 여전하였다고 한다. 견디다 못한 장 원장의 부인인 강모 여의사가 스스로 마취제 주사를 놓고 죽은 것이 10월 7일이었다.

이 사건으로 생명을 다루는 의료직이 얼마나 칼날 위에 서 있는 정도로 위험에 처하여 있는가 하고 섬뜩함을 느꼈다. 의료인뿐만 아니라 모든 사람들이 느꼈을 것이다.

더군다나 의료문제에 있어서의 말썽은 언제나 의사의 진료 거부 여부였다는 사실을 감안해 볼 때 이는 비단 의료인이나 법을 집행하는 사직 당국뿐만 아니라 모든 국민이 이 사건의 의미를 반드시 짚고 넘어가야 한다고 감히 주장한다.

더군다나 문제의 핵심은 우리의 현실이 여태껏 많은 사람들이 염원해 왔고 노력해 왔던 성숙된 사회와는 너무나 거리가 있다는 점이 더욱 충격적이 아닐 수 없다. 아무리 이상과 현실이 전적으로 일치될 수 없다 하더라도 우리의 생활이 법과 질서 속에서 보호받고 있다는 자긍심이 깃들 때 사람은 생존의 가치를 느끼게 마련이다. 사회 공동생활을 하는 개인이 자기 스스로 전문 영역을 넘어서 판단하고 스스로 피해자라는 인식으로 법의 수단을 활용함과 동시에 탈법과 불법을 서슴없이 자행하는 작태는 무엇을 의미하는가 하는 의문을 제기케 한다.

더욱이 우려되는 현상은 묵인과 동정이 극히 일부 사람들에게나마 있었지 않나 하는 의구심이 든다. 이런 사실 또한 우리의 마음을 어둡게 만든다는 것이 솔직한 심정이다.

의료법 66조에도 명시된 바와 같이 의료기관의 의료용 시설, 기계, 약품, 기타의 기물 등을 파괴 손상하거나 진료를 방해할 목적으로 의료기관을 점거한 자 또는 이를 교사 방조한 자는 5년 이하의 징역이나 백만 원 이하의 벌금에 처하도록 되어 있다.

그런데도 그러한 불법행위가 거의 2개월 동안 해결되지 못하고 급기야 한 사람의 의사를 자살로 몰고 갔던 상황은 또한 법과 현실의 조화가 얼마나 어려운 일인가를 곰곰이 생각하게 한다.

논리적이고 합리적인 생각보다는 감정적으로 사물을 보고 처리하려는 습성이 아직도 우리 국민들에게 배어 있지나 않은지 모르겠다. 또한 우리 국민이 인내와 각고로써 이만큼 세계에 민족의 예지를 드날리고 경제적으로도 발전을 가져왔으면서도 우리 사회를 가리켜 성숙된 사회라고 서슴없이 주장하는 데 주저되는 이유는 무엇인가.

그리고 이 사건에 대한 논리를 확대하면 국민 모두가 이의 합리적인 발전을 기대하고 있는 의료보험에 있어서 기수가 되어야 할 아직 젊은 의사를 결과적으로 잃게 만들었다.

더군다나 전국 대다수의 의사들에게 응급환자에 대한 공포심을 불러일으키게 만들 때 과연 우리가 소망하는 복지사회의 건설이 빠른 시일 내에 가능하냐 하는 물음이 우리를 당혹스럽게 만든다.

의료계에서도 수년 전부터 의료행위에 대한 신분보장을 주장하여 왔으나 아직도 법적인 뒷받침이 안 된 상태다. 의료계가 주장하고 있는 정당한 의료행위에 대한 신분보장 문제가 어떠한 이유로 유보되고 있는지 납득이 잘 안 된다.

의료법 제16조에 규정되어 있는 진료거부 금지는 응급환자에 대해 정당한 이유 없이는 응급처치를 즉시 하도록 강제 규정을 두고 있으나 정당한 이유의 한계가 애매모호할 뿐만 아니라 응급환자의 정의 또한 그 한계가 명확하지 않다.

이러한 강제 규정의 입법취지는 더할 나위 없이 고귀한 생명의 존엄성을 지키기 위함이다. 사람은 어떠한 경우에도 타인의 생명을 좌지우지할 수 있는 권리를 지니고 있지 않다는 사실은 분명한 천리다.

위와 같은 숭고한 입법 취지가 제 뜻을 나타낼 수 있도록 하는 부수적인 제제도적(諸制度的) 뒷받침이 아직 미흡하다는 것이 또한 솔직한 심정이다. 응급환자 후송제도의 미비, 치료비 보장제도의 미비, 의사가 소신껏 진료할 수 있는 제도적 장치 등 아직도 보완해야 할 수많은 내적인 문제가 산적되어 있으나 이를 소홀히 해왔던 것은 그것이 누구의 책임이라고 따지기에 앞서 모든 사람들이 반성하지 않으면 안 된다. 제도적인 미비는 한 개인의 문제가 아니라 수많은 환자들에게 불리를 가져오고 따라서 우리가 염원하고 있는 맑고 밝은 사회의 건설에는 막대한 장애 요소로 남게 된다.

위와 같은 이유로 한 여의사의 자살은 결코 한 전문직 집단의 문제로 끝나는 일이 결코 아님을 주장의 근거로 삼고자 한다. 또한 우리 세대에 진정으로 '성숙한 사회'를 이룩하기 위해서는 이상과 현실의 조화에 뜻을 모으는 길만이 첩경이라고 확신한다.

의료행위 그 자체는 국민들의 따뜻한 보살핌과 이해 없이는 결코 그 존재 의의를 다할 수 없음이 분명하다. 이 사건은 의료인 자신들에게도 과연 의사란 무엇인가 하는 반문을 불러일으키게 하였다.

국민 속에 뿌리박은 의료풍토, 국민의 아낌을 받는 의료인상이 모든 사람의 소망임을 믿어 의심치 않는다. 또한 의사란 누구를 위하여 존재하여야 하는가를 다시금 생각할 시점에 도달하였다.

상식과 비상식

 보도에 의하면 입법부 일각에서 의료직에 종사하고 있는 의사들에게 영업세 부과를 검토하고 있다 한다. 놀랄 일이다. 왜냐하면 그러한 발상이 어떠한 정치적 목적이거나 아니거나 우리는 개의치 않는다. 다만 국가의 장래를 위하고 국민의 안녕과 복지를 최대의 목표로 두어야 할 국민의 대표라는 분들의 머리에서 그러한 생각이 나왔다는 데 대해 그 심각성을 지적하고자 한다.
 발상의 동기를 어떤 의원의 말을 인용하면 "의사나 변호사가 실질적으로 영업 행위를 하고 있고 일부에서는 별장과 부동산 투자에 재미를 보고 있어도 사실상 영업세에 대한 면세 때문에 과세할 수가 없다. 때문에 이에 대한 신중한 검토가 필요하다"는 요지였다. 얼핏 액면 그대로 받아들이면 국민개세주의(國民皆稅主義)가 제창되고 있고 조국의 근대화로 물결치고 있는 요즈음에 의료계나 법조계나 마찬가지로 더욱 국가정책에 호응하여야 할 것이 아니냐는 말로 들리지만 이와 같은 생각은 지극히

위험한 사고방식이 아닐 수 없다.

첫째로 그러한 발상은 국민의료에 관한 기본정신을 몰각한 것이 아닐 수 없다. 1973년 2월 16일자로 공포된 법률 2533호에 의하면 의료법 총칙 제1조에 규정된 의료법의 목적은 "의료에 적정을 기하여 국민의 건강을 보호 증진함을 목적으로 한다"고 분명히 강조하고 있다. 어느 법률이나 마찬가지로 법률은 거기에 상응하는 목적에 대한 기본정신을 최대한 살리는 것일 것이다. 동법 제2조 2항에 의하면 의사의 임무는 "의료와 보건지도에 종사함을 임무로 한다"고 규정하였다. 이와 같은 뜻에서 의사에게는 여러 가지 권리와 의무가 따르고 있다.

특히 동법 제12조에 의하면 의료 기술에 대한 보호를 명문화하였으며 동법 제13조 〈의료기재의 압류금지〉, 동법 제14조 〈기구 등의 우선 공급〉, 또한 동법 제15조 〈영업세의 면세〉 등에 관한 조항이 모두 국민보건에 대한 의사의 막중한 역할을 뒷받침하기 위한 법률적인 근거라고 할 수가 있겠다. 반면에 의사에게는 진료거부 금지(동법 제16조), 진단서 발급 의무(동법 제18조), 비밀 누설의 금지(동법 제19조) 등의 여러 가지 의무 조항을 또한 명문화하고 있다.

다시 말하면 동법 제15조 영업세 면세의 입법 취지는 명백히 막중한 국민보건에 대한 의사의 역할을 감안한 것이고 이의 실행을 뒷받침하기 위한 것이다.

그렇다면 누구의 말마따나 몇몇 의사들의 별장과 부동산투기 때문에 16조항을 사문화시키고 의사의 진료 행위와 보건 지도 임무를 일종의 상행위로 간주하려는 처사는 결코 정당하다고 볼 수가 없다.

만약에 그렇게 될 때 의료직에 대한 여러 가지 의무 조항이 어떻게 법률적인 형평 원칙에 위배되지 않는다고 할 수 있는가.

제4차 경제계획에도 포함되어 있는 복지사회의 건설을 위하여 의료보험제도의 실시가 국민 모두의 대단한 관심사로 대두되고 있고 의료 혜택의 균등화 또한 시급한 과제다.

그리고 여태껏 우리나라 국민보건의 기틀이 되어왔고 실질적인 역할을 해온 각종의 사설의료기관에 대한 지원책 내지는 의료보험제도 실시에 대비한 협동적 체제의 결성을 어떠한 방향으로 할 것이냐는 화급한 일이 아닐 수 없다.

우리나라보다 국민소득이 훨씬 높은 선진국에서조차 진료비의 앙등은 큰 문제로 대두되고 있지만 영업세 부과 같은 발상은 아직까지 들어본 적이 없다.

현대 의료수단이 점차로 최신 검사시설과 막대한 장비 그리고 고도로 전문화된 의료요원을 필요로 하기 때문에 자연히 의료수가는 올라가게 마련이다. 이러한 복합적인 요인을 젖혀두고 의료비의 인상요인을 의사들의 수지상 계산에 두었다는 발상 자체가 비상식적인 것이다. 영업세 부과에 따른 급격한 의료비 상승에 대한 국민보건의 심각한 차질은 과연 누가 책임을 져야 하는가를 냉정히 생각하여야 한다.

이와 같은 발상의 근본적인 문제점은 소위 정치를 하는 분들의 의식구조에 깔려 있는 의료비에 대한 관점이다. 우리는 의료계 일각에 도사리고 있는 비합리적인 점이 결코 없다고 부인하지는 않는다. 또한 이러한 점들이 제도적인 보완을 통해서 그리고 의료인들의 자율적인 규제하에 시정될 것을 믿어 의심치 않는다.

정치의 요체는 상식에 기초하고 있음을 또한 믿고 싶다. 모든 국민이 납득하고 복리를 가져다주는 정책적 발상이야말로 바람직한 일이 아닐 수 없다. 때문에 정치하는 분들의 양식에 일말의 기대를 걸어왔던 것도 사실이다. 비상식적인 사고에 근거한 정책적 발상이야말로 정치인의 양식에 대한 불신으로 직결된다는 사실을 명심하기 바란다.

결론적으로 복지사회의 건설을 위하여 모든 국가의 시책이 역점을 두고 있는 오늘날의 상황에서 그러한 발상은 국가시책에 역행하는 결과가 필지(必至)한다는 사실을 강조하고자 한다. 또한 즉흥적이고 일시적인 감정적 정책이야말로 결국 피해를 입는 것은 국민대중이라는 사실을 다시금 지적하고자 한다. 정치하는 분들의 숙고를 촉구하여 마지않는다.

상한 급식빵도 할 말 있는지

참말로 희한한 일이다. 몇천 명의 어린이들이 집단 식중독에 걸려 온 나라 안이 떠들썩하다. 그러나 우리를 더욱 어리벙벙하게 만드는 것은 책임을 몽땅 업자에게만 돌리고 어린 학생들은 공상(公傷)으로 취급되어 결석으로 잡지 않는다는 얘기다. 야릇하고 거북스러운 노릇이 아닐 수 없다.

더욱 아연한 일은 무슨 유행처럼 매스컴에서 떠들썩하면 너나 나나 덩달아 삿대질이요 비분강개하다가도 그 열이 식으면 언제 그랬느냐는 듯이 새까맣게 잊고 태연자약할 수 있는 세태가 희한하지 않을 수 없다. 이것도 세태라면 오히려 이죽거리는 사람이 시정(時政)을 모르고 시대정신(?)이 퇴색한 자라고 지탄을 받아야 마땅하거늘, 결코 간과할 수 없는 문제가 도사리고 있음을 알아야 할 것 같다.

비단 이번 일뿐만 아니라 아이들의 문제가 제기될 때마다 문제 제기는 풍성하고 해결책도 다양하고 교육과 사회적인 견해는 더할 나위 없이 원대하였다. 그러나 항시 문제는 그대로 남았고 사태는 오히려 쓰레기처럼 산적되어왔다. 아이들의 체위 문제가 그러하고, 무거운 책가방 문제가 그러하고, 놀이터를 잃은 아이들을 위한 학교 운동장 개방이 그러하다. 어느 하나 속시원히 제대로 해결된 게 있는가. 책가방은 여전히 무거운 채 한쪽으로 기우뚱한 자세로 등교하는 모습이 대부분이고 일요일 좁은 집안에서 해방되기를 바라는 아이들에게 학교측의 부라린 눈알은 여전하다. 한때의 유행처럼 회오리바람처럼 지나쳐 가고 남는 건 오히려 형해처럼 몰골사나운 모습뿐이다.

이번 집단 식중독 문제만 해도 그렇다.

1967년 3월 30일로 공표된 학교보건법 제4조에는 엄연히 "학교의 장은 문교부령이 정하는 바에 의하여 교사 내의 공기오염, 환기, 채광, 조명, 온습도, 식기, 식품, 음료수, 상하수도, 변소, 오물처리, 기타 환경위생 및 식품위생을 적절히 유지하여야 한다"고 규정되어 있다. 법이야말로 거의 완전하게 귀여운 자녀들을 모든 공해로부터 보호하도록 되어 있다.

그러나 콩나물 교실의 공기 혼탁도를 어른들은 한 번이나 추정해 본 일이 있었던가. 학급마다 주전자에 담겨 있는 식수는 배탈 나기 쉬운 생수가 틀림없고 학교 주변을 요란하게 달리는 갖가지 자동차의 소음 그리고 매연은 법을 깔아뭉개고 있다.

급식빵을 먹고 어린이가 죽었다고 한다. 분노할 일이다. 사람마다 혀 차는 소리요 매스컴마다 야단이다. 그러나 어린이들은 안다. 진작부터 급식빵에서 풍기는 지독한 방부제 냄새며 배달된 우유의 시큼한 맛을. 귀여운 자녀에게 영양가 있는 빵을 먹이고 우유를 먹임으로써 부모의 도리를 다한다고 생각하나 실상은 독약을 먹이고 있었던 사실 앞에 자신들이 피에로가 된 기분인 것이다.

사건이 터지자 부랴부랴 학교급식법 제정을 서두르고 문교부는 유상급식 제도를 폐지한다고 한다. 정말 졸렬한 발상이 아닐 수 없다. 언제는 법이 없어서 오염된 빵을, 우유를 아이들에게 주었는지? 문제는 바로 여기에 있는 것 같다.

급식법을 제정해서 어떻게 하겠다는 것인지. 법이 자녀들을 어른들의 무지막지한 행위로부터 보호해 주지 않는다는 건 이미 어린이 자신들이 더 잘 알 것이다. 법에도 엄연히 학교장의 책임을 강조한 바 있고 여기에 행정적 책임 한계를 명시하였는데도 책임을 업자에게만 덮어씌운다. 신문에서, 방송에서 며칠씩 떠들다가 조용해지면 원상대로 되돌아가 어린이들은 또다시 방부제 냄새가 물씬거리는 빵을 재잘거리며 먹을 것이다. 그리고 변질된 우유를 아무 의심 없이 한 방울도 남기지 않고 마실 것이다.

"어른들이여, 왜들 그렇게 흥분들 하시고 떠들어대는지. 구치소에 들어가 있는 업자를 향하여 삿대질을 맘껏 하세요. 학교 선생님이 시식을 안 하셨다고 욕들을 하세요. 일주일만 지나면 급식법을 제정하기로 하고 한시름 놓은 어른들은 발을 뻗고 주무실는지 모르나 우리들은 여전히 배달된 빵을 맛있게 먹을 것입니다. 그렇게들 흥분들 하시고 염려해 주시는 어르신들이 설마 우리들에게 포도상구균이 잔뜩 묻어 있는 빵을 주시겠어요?

아동복리법에도 엄연히 '어린이는 보호를 받은 권리가 있다'고 써 있다더군요. 법이 이렇게 많은데 설마 죽기야 하겠습니까? 이번에 죽은 우리 친구도 아마 제 명이 짧았던 거겠지요."

'어린이는 나라의 보배'라는 말이 무색하다. 그저 할 말이 없다. 침묵합시다.

우리와 자기(自己)

보리밭의 깜부기를 생각한다. 무럭무럭 자라오는 수많은 보릿대 사이에서 유난히 새까만 몸짓 때문에 사람의 눈길을 끄는 것이 그것이다. 사람들은 더 번지기 전에 서슴없이 꺾어버리곤 하여 병이 온 밭에 퍼지는 것을 막으려고 애를 쓴다. 일컬어 깜부기병. 그러나 어쩔 도리 없이 급작히 퍼져나가 보리밭을 온통 버리는 수가 있다.

이러한 현상을 두고 우리는 '자기'를 생각하게 된다. 또한 '우리'와 '자기'의 상관관계를 심각하게 추구해 본다. '자기'란 존재는 '우리'를 위해서만이 존재해야 되는가. 대리석 하나하나를 쌓아서 이룩한 거대한 신전은 어떤 의미를 지니고 있는가. 역사를 보면서 인간의 권력에 대한 무서운 집념의 화신을 보게 된다. 그것이 아무리 예술이란 이름으로 미화되어도 근원은 불멸하는 것. 그러나 보릿대 하나하나는 전체를 위해서 존재하지는 않는다.

자기 하나의 생명을 위해서 태양과 수분과 대기를 열심히 받아들인다. 다른 어느 보릿대도 '우리'를 위하여 강요도 하지 않는다. 그러나 전체적인 보리밭은 '우리'로 남는 법. 보릿대 하나의 존재가 없어질 때 '자기'는 물론 '우리'는 아무런 의미가 없는 것이다. 살아 있는 존재와 죽어 있는 존재의 근본적인 차이는 바로 이 점이다.

나 혼자만 수세식 변소를 사용한다고 치자. 여름철 앞뒷집에서 날아드는 파리 때문에 더욱 짜증스러워진다. 전염병에 걸리지 않기 위하여 세심한 주의를 쏟는 사람일수록 병에 약하고 잘 걸린다. 냉면 한 그릇 사 먹고 장티푸스를 얻은 사람은 팔자소관인가.

'우리'와 '자기'의 함수관계를 생각하게 된다. 요즘 의료혜택을 받지 못하는 저소득층을 위한 각종 대책이 강구되고 있다. 또한 의료계 한쪽에서는 개인 의료기관들의 영세성 대책에 대하여 부심을 하고 있다. 문제의 핵심은 어디에 있는가. 오늘날 우리의 국민보건 대책이 더 이상 미루어 방치할 수 없는 급박한 상황이라면 한 번쯤 허심탄회하게 생각들 하여 보아야 한다. 누군가는 우리나라 의료인 절대수와 의료균등 혜택과 결부시킨 적도 있다. 또한 무의촌의 실태를 의사들의 의식구조의 빈곤에 돌린 적도 있었다. 그러나 전자에 대한 해답은 오늘날 과다한 수급 때문에 배출을 억제하기로 한 약업계가 웅변으로 답해 주고 있다. 후자의 경우도 전세계적인 도시화의 경향으로 절대인구가 도시로 집중화되는 것도 사실이다. 의료인도 '자기'를 생각하는 권리쯤은 지니고 있다.

이런 경우 '우리'와 '자기'라는 어구를 다시금 심각하게 생각하게 된다. 제도가 뒷받침하지 못하면 개인의 활동은 썩은 둠벙 퍼내기. 개인 의료기관에 대한 육성책이 거의 무시되고 종합병원과 개인 의료기관의 협조관계가 제도화되지 않는 상황이 문제가 아닐 수 없다. 또한 거의 자체수입에 의하여 무리하게 병원을 운영해야 하는 종합병원 쪽에도 문제는 크게 남는다. 그래서 종합병원과 개인 의료기관에서 벌어지는 사소한 감기 환자에 대한 본의 아닌 진료 경쟁(?)은 무엇을 말해 주고 있는가를 생각해 볼 때다. 날로 쇠퇴해 가는 개인 의료기관에 대한 제도적인 근본대책은 무엇인가를 한 번쯤 속시원히 의료정책 입안자들은 개진할 차례가 되었다고 본다. 꿀 먹은 벙어리처럼 말 없는 상황에서는 또 한 번 '자기'와 '우리'의 함수관계를 머리가 아프도록 생각하게 된다.

그러나 해결의 실마리는 없는 것인가. 금번 의사회에서 계획하고 있는 생보자무료진찰 관계는 이와 같은 여러 문제점들을 한꺼번에 해결할 돌파구가 생기는 계기가 될는지도 모르겠다. 각 시군에 세우려는 거점 의료기관도 또한 필요한 일이나 기존 종합병원의 활용방안이 더욱 바람직하다.

어떠한 형태든지 간에 저소득층에 대한 의료시책의 중심적 역할로서의 운영체제가 되도록 적극적인 보조와 지원이 필요하다고 본다. 동시에 시내의 전의료기관이 이러한 계획의 일환으로 협조체제를 구축했다는 자체는 매우 소망스런 현상이라고 여겨진다. 더 나아가 앞으로 시행될 의료보험제도 또한 이러한 협조체제를 더욱 유도하는 방향으로 나가야 한다고 본다.
 어느 분야에 있어서도 마찬가지겠지만 '우리'와 '자기'를 조화시킬 수 있는 정책입안만이 국민보건의 근원적이고 항구적인 대책임을 거듭 말해 둔다.

현대생활과 육아

아이를 기른다는 말은 동물이나 화초를 기르고 가꾸는 것과는 다르다. 동물 행동학자 콘래드 로렌츠가 그의 저서 《문명화된 인간의 8대 죄악》에서 언급한 것처럼 인간의 행동과 동물의 행동 양상에 있어선 아무리 비슷하다고 해도 아이를 기른다는 점에 있어선 양자가 같을 수는 없다.

동물과는 달리 조직적 생활 영역과 규범을 가진 사회생활을 영위, 삶의 '가치'가 다르기 때문이다. 아이들이 커가는 과정은 대체로 6단계로 분류할 수 있다. 각 단계마다 거기에 따르는 문제를 지니고 있다.

아이들의 성장과정에 있어 부모들은 자기가 커 나온 과정을 그대로 아이들에게 답습시키려는 경향이 있다.

반면에 정반대의 경우로 기르려고 하는 이도 있다. 앞의 경우에는 시대적 가치관이 뒤바뀌고 있는데도 종래의 생활감각과 가치관을 강요하는 데서 갈등이 빚어진다. 후자의 경우 역시 너무 자유방임 상태로 기르기 때문에 문제가 뒤따른다.

육아방법은 단지 부모들만의 문제가 아니라 전인류의 문제가 아닐 수 없다.

그만큼 현대의 삶의 양상이 단순하지 않다는 얘기가 되겠다.

식량 문제, 에너지 위기마저도 육아에 있어 영향을 미치기 때문이다.

이와 같은 환경적인 요인 이외에도 가치관의 재정립 문제도 시급하다. 한국인의 일반적인 특색인 가족주의적, 감정적, 형식적인 사고의 근저 위에 금전만능의 풍조와 관능과 쾌락주의 추구에 정신없는 이기주의적 행동이 팽배하고 있다.

때문에 많은 부모들의 생활은 상품가치적이고 전시적인 생활 태도이다. 이런 데서 부모들은 온갖 부정을 저지르면서 아이에게는 훌륭한 사람이 되라고 얘기를 하게 된다. 이러한 사회적 분위기를 어떻게 정화시키느냐가 부모들의 일차적인 책임이다. 현대는 아이들을 키우는 데 '모범'을 상실하여 버린 시대인 것 같다. 부모가 가치관의 전도로 흐느적거릴 때 아이들은 부모에게서 이율배반적인 모순을 느끼게 되고 반항적이 된다.

점차 심해지는 공해는 아이들의 건강을 극도로 위협하고 있다. 오염된 음식물은 먼 장래의 문제가 아니다. 진정한 의미에서의 육아원칙은 부모들이 '벌거벗은 인간'으로 돌아가야 한다. 또한 오염되지 않은 환경을 아이들에게 돌려주어야 한다는 등 제아무리 원칙적이고 훌륭한 육아방법론을 얘기해 보았자 웃음거리일 뿐이다.

그리고 아이들의 성장 과정에 대하여 너무나 모르고 있는 부모들을 위한 교육과정이 강구되어야 한다. 지난 100년간에 걸쳐 점차로 청년기가 일찍 다가왔으며 성장이 빨라졌다는 사실에 주목할 필요가 있다. 여기에 따른 '지능연령'과 '사회연령'의 개념은 보편화되어야 한다.

보편화되지 못하고 특수화되면 문제가 따르기 때문이다. 이와 같은 이유에서 앞서 말한 것처럼 육아는 부모들만의 문제가 아닌 사회 전체의 문제가 된다.

의사, 교육가, 아동심리학자는 물론 심지어는 정치가들의 문제일 수도 있다.

가정이 사회의 한 범주 속에 자리잡고 있기 때문이다. 즉 사회의 모든 여건은 육아의 발달에도 영향을 미친다는 것이다.

따라서 현재 심각한 식량 부족난은 인구조절에도 영향을 미치며 심각한 공해, 에너지 위기로부터 오는 산업위축은 자연 육아에도 그 영향의 파장이 오지 않을 수 없다.

천재 이야기

천재란 누구를 가리키는 말일까. 일반적인 얘기로는 학술, 기술이나 기타의 문화 영역에서 뛰어난 재능을 가진 사람을 말하고 있으나 칸트 같은 철학자는 이러한 정의에 대해 부정적이다. 그의 말을 빌리면 뛰어난 예술가야말로 객관적인 법칙에 의하지 않고 예술가 자신의 상상력과 독창성 그리고 영감을 지니고 있기 때문에 이들이 바로 천재라는 주장이다. 인간의 역사에 있어서 수많은 천재들을 접하게 된다. 그러나 그중에서도 음악가 모차르트, 철학자 및 법학자인 괴테 같은 사람들은 부모가 일찍이 그 천재성을 발견하여 천재교육을 시킴으로써 성공을 거둔 좋은 예다.

오늘날에 와서도 지능지수가 최소한 120~130 이상 되는 아이들에 있어서 이러한 조기교육, 누진진급이나 커리큘럼의 재조정이 자꾸만 강조되는 있는 현실이다.

IQ가 260을 넘어섰던 아인슈타인이나 갈릴레이, 프톨레마이오스, 에디슨, 뉴턴 같은 천재들의 업적은 잘 알려진 사실이나 이들 천재들이 어떻게 만들어졌는가에 대해서는 유전학에서도 뚜렷한 답변을 못 하고 있는 것 같다.

통계학적으로는 고대에 있어서 천재의 출현율이 지금보다 훨씬 높았다는 학설이 있다. 이들의 주장에 의하면 우성유전이라도 긴 세대 동안에 표면에 나타나지 않고 있다가 먼 후대에 나타나는 형질은 열성유전이 된다고 한다.

고대 바빌로니아인들이 전지나 전류의 이용, 아시리아의 망원경, 인도의 용광로, 이집트의 피라미드, 이외에도 헤아릴 수 없이 경이적인 미술, 문학, 철학 등은 현대인들도 혀를 내두를 정도로 가히 천재적이 아닐 수 없다.

유전학자들의 얘기로는 천재 유전자 형질의 후대로의 전달은 점점 희박하기 때문에 옛날보다도 천재의 출현율이 떨어진다고 한다. 이들 주장의 가부는 좀더 두고 볼 노릇이다.

그러면 지능 발달은 변하지 않는 것일까?

학교에서 IQ테스트를 받은 자기 아이가 높은 점수를 얻었다고 온 동네를 돌아다니며 자랑하는 어머니가 있다. 그러나 알고 보면 IQ 수치도 변화하는 변수에 불과한 것이다.

손타크, 베이커, 넬슨. 이 세 사람이 1958년에 발표한 보고서에 이런 부분이 잘 나타나 있다. 이들이 펠연구소에서 3세부터 12세까지 스탠퍼드 비네 테스트의 방법으로 나이에 따라 측정한 결과에 의하면 계속적으로 꾸준히 지능이 올라가는 아이와 내려가는 아이, 그리고 처음엔 높아지다가 다음엔 내려가는 아이, 마지막으로는 별로 변화가 없는 4그룹으로 분류된다고 한다.

따라서 한두 번의 지능검사를 통하여 아이들에게 가해지는 유형무형의 막중한 부담은 오늘날의 학교교육이나 가정교육에 있어서 가장 경계해야 할 문제점으로 여겨야 한다.

자기 아이가 천재이기를 바라는 부모는 참으로 많으나 그것이 어디 뜻대로 될 일인가. 다윈과 동시에 진화론을 발견한 알프레드 월리스는 "예외적인 지능[天才]은 아무리 생각해도 자연도태에 의해 만들어진 인간의 정신구조 속에 넣을 수는 없다. 자연도태는 바람직한 특질의 경우 종에 과잉부여되는 경우는 없기 때문이었다"라고 말하고 있다.

흥미있는 사실은 정신박약아라고 불리는 아이들 중에는 수학의 천재들을 때로 볼 수 있다는 사실이다.

이러한 백치 천재들의 존재야말로 천재가 어떻게 해서 만들어지는가 하는 근본적인 물음에 대해 더욱 궁금증을 불러일으키고 있다.

쌍둥이 야화(夜話)

무등산이 수런거리기 시작한다.

다시금 어김없이 찾아드는 봄이다.

원색의 옷차림을 한 젊은 남녀의 대열이 줄을 잇고 있다. 4월은 회한의 달인가. 봄이 되면 우울해진다는 사람들이 근래에 늘어났다. 우리들의 마음을 확 트이게 하는 일들은 없는가.

그러나 계절의 왕자인 5월을 앞둔 4월은 부산한 달이 아닐 수 없다. 또한 3월과 더불어 출산의 달이라고도 할 수 있겠다.

새로운 생명의 탄생은 확실히 즐거운 일이다. 더군다나 한꺼번에 두 아이를 얻은 부모들은 나중 일이야 어찌되든 흐뭇한 마음과 주위에서 축하하는 소리에 드디어는 어리벙벙해진다. 쌍둥이 부모가 된 것이다.

진도지방에서는 쌍둥이를 낳게 되면 아버지가 측간의 지붕 위로 올라간다.

그리고 "아무개네는 개새끼를 낳았다네" 하고 동네방네 들리도록 고래고래 악을 쓴다고 한다. 일본에서도 이러한 민속은 아직 남아 있는 모양이다. 하필이면 변소 지붕 위로 올라갈 게 무어냐고 눈살을 찌푸릴는지 모르나 측간신은 바로 산신(産神)과 관련이 있다는 민속학자들의 해석이다. 그래서 재수없게(?) 쌍둥이 부모를 만들어버린 산신님께 투정을 부리며 다시는 쌍둥이를 갖지 않도록 해달라는 기원이다.

쌍둥이는 흑인과 인디언에게 비교적 발생률이 높다고 한다. 우리와 같은 몽골리안족은 그 발생률이 가장 낮다고 하나 우리나라 쌍둥이 탄생에 대한 정확한 통계는 아직 없는 것 같다.

미국에서는 1 대 86의 비율로 발생하며 벨기에는 1 대 46, 이탈리아는 1 대 86, 그리스 1 대 130, 일본 1 대 150, 중국 1 대 300의 통계가 나와 있다. 일란성 쌍둥이는 그중에서도 약 25 내지 33% 정도이니 비교적 자주 볼 수가 있는 것 같다. 3쌍, 4쌍의 발생은 비교적 희소하며 1 대 286, 1 대 386의 비율이다.

쌍둥이 중에서도 가장 유명한 경우는 샴쌍둥이. 두 몸뚱이가 완전히 결합된 대표적인 일란성 쌍둥이다. 샴쌍둥이가 1811년에 태국에서 태어나 62세까지 살았는데 한 사람이 죽자 3시간 이내에 붙어 있는 또 한 사람이 죽었다. 두 사람이 다른 여성과 결혼하여 각각 10명과 12명의 어린애 아버지가 되었다. 물론 그 당시에는 분리 수술을 엄두도 못 낼 때이므로 서로 붙어서 생활을 영위하였다. 서로 남다른 여성과 어떻게 결혼생활을 했는가는 참으로 불가사의한 일이 아닐 수 없다.

두 번째의 샴쌍둥이의 분리수술이 성공한 것은 1955년 태국에서 태어난 쌍둥이를 시카고 대학의 드락스테트 박사가 집도

하였다.

소련과 브라질에서는 머리가 둘, 팔이 넷, 다리가 둘인 쌍둥이들이 각각 탄생하였는데 그중 브라질 쌍둥이는 위와 콩팥을 공유하고 있으며 살바도르 병원에 입원해 있었다.

우리가 살고 있는 지구는 태양계의 한 별에 지나지 않는다. 태양은 은하수의 한 별이며 우리 은하계는 약 천억 개의 별로 이루어지고 마젤란은하, 안드로메다은하와 거기 딸린 2개의 타원 은하 등 약 15개의 은하들과 은하군을 만들고 이들이 또 모여 은하단을 이룩한다. 이렇게 넓은 우주공간에서 지구와 꼭 같은 별이 존재 안 할 리도 없다. 공상과학에서 말하는 또 한 사람의 자기가 우주의 한구석에서 똑같은 모습으로 똑같은 생각을 지니고 살고 있다고 생각해 보면 세상의 쌍둥이 논의가 무색해진다.

결국 우리는 위대한 신의 섭리에 감사하며 살아갈 수밖에 없는 존재가 아닐까.

천연두 이야기

 마마라고 불리는 천연두가 점차 지구상에서 사라져 가고 있다.
 30여 년 전까지도 우리나라에서는 발병률이 아주 높았고 이 병으로 인한 사망자는 헤아릴 수가 없을 정도였다. 더구나 병이 나은 후에도 얼굴에 반흔을 남겨 곰보라고 놀림을 받곤 하였다.
 전염력이 아주 높은 이 바이러스성 전염병은 환자와의 접촉으로 인하여 잠복기를 지난 후에는 전신에 고열과 발적(發赤)이 퍼져나가게 된다. 그리고 딱지를 남기게 되는데 이를 긁어 떼버리면 흉터가 되는 것이다.
 세계보건기구의 발표에 의하면 천연두는 지구상에서 거의 박멸 단계에 와 있다고 한다. 단지 인도, 파키스탄, 방글라데시, 에디오피아. 이 네 나라에서만은 아직도 이 병이 중요한 전염병이 되고 있다.
 우리나라에서도 그 동안 이 병의 발생이 거의 보고된 바 없기 때문에 접종 여부가 신중히 논의되기 시작하고 있다.
 그러나 몇 해 전에 일본 도쿄에서 환자가 발생하여 일본이 발칵 뒤집혔던 일을 생각하면 이 문제는 참으로 신중을 기하는 것이 옳은 일이다. 근래 동남아 지역으로 여행하는 일이 부쩍 잦아졌고 모든 나라 안의 어린이가 무면역 상태에 있을 때 만일 이 병이 침입한다면 무서운 기세로 폭발적 양상을 가져올 염려가 있다.

종두법을 최초로 개발한 사람은 영국의 의사 에드워드 제너. 그가 스승 존 헌터 밑에서 의학공부를 할 때 우유를 짜는 영국 여자들이 소의 유방에 접촉하여 우두에 감염되면 다시 천연두에 걸리지 않는다는 사실을 발견하고 여기서 힌트를 얻어 우두 종두법을 30여 년 간의 연구 끝에 완성하였다.

이 발견으로 천연두에 걸리면 거의 4분의 1이 사망하고 4분의 1은 곰보가 되어 일생 동안 고통 속에 살았던 사람들을 구제한 것이다.

제너의 종두법의 발견은 인공 면역을 인류가 처음 시작했다는 데 큰 뜻이 있다. 그러나 개척자는 항상 외로운 법. 종두법을 발표하자 사방에서 모함과 반박, 비난을 받았다. 그는 사랑하는 자기 아들에게 맨 처음 종두를 시행하여 이를 증명까지 하였던 것이다.

제너는 일반 개업의로서 고향에서 환자의 진료에 몰두하면서도 그의 타고난 재능으로 음악가로서 또는 시인으로서의 평판도 대단하였다고 한다.

우리나라에서 최초로 종두법을 완성한 사람은 지석영이었다. 박초정이란 사람이 정조 14년 중국 북경에서 입수해《종두서》를 임금에게 바쳤고 다산은 이 《종두서》와 《묘법》을 참고로 하여 종두법에 대한 안내서를 만들었는데 이것이 우리나라 최초의 종두서였다.

지석영은 25세 때 부산까지 내려가 일인 의사에게 종두술을 교습받았다. 그는 두묘 그릇과 접종기구를 얻어가지고 서울로 돌아왔다.

이때 서울에서는 고종의 첫아들이 이 병으로 사망하였고 둘째아들은 겨우 회복되어 전국에 대사면령을 내리는 등의 소동이 일고 있었다.

제너가 우두접종법을 발견한 이래 82년 만에 종두술이 지석영을 통하여 이 땅에 뿌리를 내린 것이다.

점차 고전적인 병이 되어버린 이 병이 지금도 악몽같이 여겨짐은 그만큼 무서운 기세로 휩쓸었기 때문이다. 성쇠고락이 어찌 인간사뿐이랴.

안경 이야기

중국인의 해학 또한 그들의 대륙적인 풍모와 관련지어 듣는다면 꽤나 흥미로운 얘기들이 많다.

중국의 소화 한토막.

형제 세 사람이 모두 근시였다.

어느 날 함께 방문하였던 집 현관에 유청당(遺淸堂)이라는 현판이 걸려 있었다.

맏형 왈,

"이 댁 대감은 몸이 허약한 모양이다. 하필이면 유정당(遺精堂)이라고 써서 붙였으니 말이야."

이 말을 받아 둘째가 한마디.

"아니요, 도를 좋아하는 주인이 도정당(道情堂)이라고 써 붙였군요."

하고 우긴다. 맏형이 결국 셋째를 향하여

"막내야, 너는 눈이 밝으니 다시 한 번 확인하여라."

하고 말했다. 한참 동안 현판을 들여다보던 셋째가 무릎을 탁

친다.

"형님들 모두 틀렸소이다. 제 눈에는 현판 같은 것은 아예 보이지 않는군요."

결국 막내야말로 지독한 근시였던 것이다.

근시안을 지닌 사람들에게는 반드시 필요한 안경도 15세기에 들어와 비로소 보편화되기 시작했다. 문헌에 의하면 서기 1270년에 베니스의 유리공들에 의해 소개되었다고도 하고 1317년에 사망한 피사의 알렉산드로스피나가 안경을 발명하였다고 전해 오나 불분명하다. 마르코 폴로의 여행기에는 중국에서 이 안경을 보았다고 기록되었으니 이탈리아 아니면 중국에서 발견되었을 거라는 설이 유력하다.

폭군 네로 황제가 에머럴드로 만든 안경을 들고 검투사들의 경기를 지긋이 구경하는 모습은 영화에서도 볼 수가 있다. 당시에 유명한 철학자이던 '시세로'며 '코넬리우스네포'나 '스웨토니우스' 같은 사람들도 모두가 원시적인 이들 안경을 애용하고 있었다. 그러나 오늘날의 안경 원리를 만든 사람은 11세기의 아라비아 사람인 '알하젠'이었고 '로저 베이컨'이 비로소 노인들이나 약시인 사람들에게 이를 사용하도록 한 장본인이었다.

두 개의 렌즈를 연결하여 콧잔등에 턱 걸치는 방법을 고안한 사람은 르네상스 시대의 철학자였던 '빌리발드 필크하이머'였으니 역시 철학자와 안경은 처음부터 인연이 있었던 성싶다.

우리나라는 선조 26년부터 29년 임진난 중에 명장 심유경과 왜승 현소가 휴전회담을 진행시키고 있을 때 안경을 걸치고 있었다는 문헌이 처음이었다. 그들의 면상에서 번쩍거리는 안경을 쳐다보며 어리둥절해 있었던 이 나라 백성이었다.

이수광의 《지봉유설(芝峰類說)》과 이규경의 저서에도 안경에 대한 얘기가 나온 걸로 보아 작은 글씨를 확대하여 볼 수 있었던 안경이 식자들에게는 무척 신기했던 모양이다.

안경에도 근시, 난시, 원시 등을 교정해 주는 교정 안경과 자외선, 적외선이나 먼지 등에서 눈을 보호해 주는 보호안경이 있다.

근시가 생기는 것은 대부분 수정체에서 망막까지의 거리가 너무 멀기 때문에 먼 곳의 물체의 상이 망막의 전방에 맺혀져 희미하게 보인다는 것은 이젠 잘 알려진 사실이다.

자기가 보는 세상만이 옳다고 우기는 세태에서 철학자 스피노자가 안경을 갈고 닦아서 유명한 안경 제작자가 되었던 까닭을 이제야 알 것 같다. 이제는 그 거친 안경들을 벗어치울 때가 아닐까.

생명은 주고 빼앗는 것인가

미국에서 있었던 식물인간 퀸란양의 안락사 시비는 아직도 그칠 날이 없고 각주에서 법정 판결로 이와 비슷한 경우를 인정하고 있다. 더구나 시험관 아기의 탄생은 생명의 본질에 대한 논의와 관심을 비상하게 불러일으키고 있다.

국립의료원 신경과에서 의료인의 안락사에 대한 반응도를 조사 발표하였다. 10명의 의사 중 수동적 안락사를 인정한 사람이 91.8%, 능동적 안락사는 63.6%가 찬성하였다고 한다. 수동적 안락사란 뇌사상태에 있는 환자에게 산소공급이나 영양공급을 중단하는 것이고 능동적 안락사란 절망적인 환자에게 인위적으로 '위엄 있는 최후'를 맞이하게 하는 것이다.

이러한 문제는 심장이식수술로 세계적인 인물이 된 버너드 박사에 의해서 안락사가 찬성됨으로써 새로운 충격을 불러일으키고 있다. 그러나 이러한 중대한 문제가 의사들의 통계 수치가 긍정적인 반응을 얻었다고 해서 긍정적인 방향으로 유도하는 것은 참으로 위험한 사고방식이라고 할 수 있다. 왜냐하면 통계에 의한 찬성이 진리 그 자체가 결코 아니기 때문이다.

생명의 본질을 인간이 완전히 이해 못 하는 상황에서 어떻게 누군가가 사람의 생명에 대한 단절을 기도할 수 있는가. 사형제도조차도 사회조직을 유지하기 위한 필요악적인 존재로 여태껏 용인되어 왔으나 역사의 흐름은 이에 대해 부도덕적이고 비이성적인 행위로 기울고 있는 현시점이다.

안락사를 찬성한 사람들의 논리는 이를 비난하는 사람들이야말로 일종의 감상적 생명 긍정론자들이며 무엇이 진정한 인도주의인지 생각해 보아야 한다고 얘기한다. 그러나 이러한 논리는 생활고에 견디다 못해 막다른 골목에서 가족동반 자살을 하는 부모의 행위는 어떻게 해석해야 하느냐는 문제에 부딪힌다.

안락사를 찬성하는 측의 얘기는 생명의 본질이란 명분을 넘어서 인도주의의 본질을 규명하고자 하는 쪽이다. 무엇이 과연 인도주의인가. 도저히 회복할 수 없이 버려져 있는 생명에 고통만을 주는 것은 인도주의의 탈을 쓴 잔인한 행위라는 얘기다. 그러나 인도주의의 기본이 생명의 긍정으로부터 비롯된다고 하면 필요에 따라서 선택적으로 이러한 긍정을 척도하는 자유와 권리가 사람에게 과연 있는가?

이러한 논리적인 일관성이 무너지기 시작한 인류에게 앞으로 다가올 것은 무엇일까. 타인의 생명을 자기 합리적인 생각으로 규제도 할 수 있다는 결론까지 도달하지 않는다고 누가 보장하겠는가.

인간의 역사는 식물인간이란 명분 아래 전개되고 있고 그것이 인도주의라는 어설픈 논리에 의하여 뒷받침될 때 문제는 심각하게 된다. 이러한 반논리적인 살해행위가 반드시 이들 환자들에게만 적용되리라는 보장은 또한 없음을 우리는 알고 있다.

실제로 전쟁터에서는 난폭한 형태의 안락사가 용인되고 있는 실정이다. 그러나 이것이 법정에서 판결에 의해서 용인되는 것은 명백히 생명의 본질에 대한 독단이고 잔혹행위일 따름이다.

법정은 생명의 존엄성을 지키는 곳이지 결코 소멸시키는 것이 그 임무가 아니기 때문이다. 이러한 수많은 우려할 만한 사건들이 세계 도처에서 그럴 듯한 논리하에 자행되고 있음은 크게 우려할 만한 일이다. 생명은 어디서 왔으며 우리는 무엇인가. 그리고 어디로 가는가?

석유와 의술

만병통치라는 말이 있다. 동양에서는 예로부터 인삼, 녹용이 여기에 해당되었고 서양에서는 특별한 약제가 알려져 있지 않았지만 사과의 효능을 크게 인정하고 있었던 것 같다.

해방 전에는 살바르산인 606호 주사가 만병통치약이었고 해방 후 미국과 함께 들어온 페니실린 주사가 또한 그 자리를 차지했다.

그러다가 우리네 경제가 윤택해지기 시작하자 돈이 그 자리를 성큼 차지하더니 바야흐로 석유가 곧 만병통치인 시대가 온 것이다.

석유가 실제로 우리나라에서 사용되기 시작한 역사는 그리 길지는 않다. 일제의 침략과 함께 들어온 것이다.

대식국이라고 불리는 아라비아의 석유는 영약이라고 하여 기생충을 뗀다고 여겨 이를 들이마시고 복통을 일으킨다든지 석유가 흡수되어 허파에 모여듦으로써 석유성 폐렴을 일으켜 고생을 한 사람도 많이 생기는 웃지 못할 일이 특히 농촌에서는 많았다.

　신라말과 고려시대는 당에 있던 신라방을 통하여 아라비아 상인들과 교역하였다는 기록이 있다. 또한 현종과 정종 때 아라비아 상인 1백여 명이 입국하여 보물을 바쳤다는 것이 알려지고 있는데 수은, 용치, 점성향, 몰약, 대소목, 붕사, 정향, 목향 등의 수많은 약재가 이때 들어와 우리나라 한의학의 발전에 많은 영향을 끼쳤으리라 여겨진다.

　아라비아의 의학은 중세 초기까지는 상당한 발전을 이루었다. 특히 아라비아 의학의 르네상스를 열어 개조(開祖)로 추앙받는 요아니투스는 그리스의 히포크라테스, 갈렌, 오리바시우스 같은 의성들의 저서를 번역하여 아라비아 의학 발전에 크게 공헌하였다.

　아라비아 의술의 특징은 해부학이나 외과학은 아주 보잘것없었으나 화학만큼은 아주 발달하여 내과학의 발달은 놀랄 만 했다.

　현대의학에서 사용하는 캄파, 수은, 세나, 배단향, 대황, 사향, 몰약, 계피타마린드, 육두구, 클로버 등을 처음 약제로 사용한 것도 이들 아라비아 사람이었다.

　또한 조제할 때 시럽으로 만든다든지 달게 하기 위한 물약이라든지(쥬랩) 알코올 알데하이드와 같은 약물 이용도 모두 사막의 이들 유목민들이었다.

　아라비아 의술에서 내과병을 진단하는 데는 6개의 기준을 두었다고 한다.

첫째는 환자의 행동을 관찰하였고 이어서 환자의 배설물, 통증의 성질, 그리고 아픈 장소, 신체 각 부위의 종창이나 부종을 봄으로써 병을 알아냈다. 특히 손을 만져보아 그 촉감을 중요시하였으니 현대의학적인 견지에서도 합리적 진단방법은 놀랄 만한 일이다.

또한 눈의 황달로 신체 내부에 병이 있음을 간파한 것도 바로 그들이었고 등을 구부린 자세의 환자를 보면 폐질환이 있다고 하였다.

오늘날 의사들도 환자의 상태를 관찰하는 데 유의하는 목의 건조, 쓴맛이 입 안에 도는가의 여부, 빈맥과 같은 용어를 창안한 것도 또한 이들이었다.

이렇게 발달한 아라비아의 의학이 우리나라의 의학에 상당한 영향을 끼쳤을 거라는 추측의 근거는 대식국인들과의 빈번한 접촉이 문헌상에 많이 나타나 있다는 것이다. 그러나 의학적인 것은 별로 기술이 뚜렷하지 않아 그 안타까움이 있다.

의학의 교류도 문화적인 측면에서 볼 때 결코 고립될 수는 없는 것이고 보면 인도에서 건너온 0이라는 숫자를 처음으로 사용했던 아라비아인들에게 석유파동으로 전전긍긍하는 세계 경제가 완전히 썩어 없어지지 않도록 새로운 알코올 역할을 기대하고 싶다. 대식하는 건 의학적인 측면에서도 건강에 별로 도움이 안 되기 때문이다.

행림(杏林)과 도규(刀圭)

살구꽃과 진달래는 시골에서 어린 시절을 보낸 사람들에게는 결코 잊을 수 없는 꽃이다. 달작지근하면서도 시큼한 맛 때문에 생각만 해도 입 안에 흥건하게 침이 고이는 과실이 바로 살구다.

살구 중에서 먹을 수 있는 중국 살구를 참살구라 부르는데 그 쓴맛 때문에 도저히 먹을 수 없는 만주 살구나 몽고 살구 같은 개살구도 흔히 목격하게 된다.

살구에 얽힌 얘기는 많으나 그중에서도 적벽대전에서 유비(劉備), 손권(孫權)에 대패하여 도망치던 조조의 얘기가 있다. 그의 간교한 기지로 세 번이나 너털웃음을 웃었던 그가 혼비백산한 부하들의 갈증을 보다 못해 임기응변으로 소리를 냅다 질렀다.

"오, 저기 살구나무가 보이는구나."

조조가 소리치자 입 안에 침이 흥건해진 부하들이 다소의 갈증을 풀었다는 고사(故事)가 《삼국지(三國志)》에 나온다.

또한 살구는 의원들과도 가장 밀접한 과실임에는 틀림없다.

의원들을 가리켜 행림도사라고 추켜 부르던 그 풍류의 은근함과 정스러움은 현대인에게서는 도저히 볼 수 없는 멋과 여유가 뚝뚝 배어 있는 면이 아닐 수 없다.

환자와 의사 사이에 빚어지고 있는 진료상의 오해와 갈등으로 인한 아웅다툼이나 진료비에 따른 시비로 낯을 붉히는 일은 행림에서는 도저히 있을 성싶지가 않다.

아무리 산업화 시대라고 하지만 사람이 기계나 상품이 아닐진대 서양의학의 논리적이고 과학적인 진단방법에 이러한 유연한 환자와 의사 간의 관계는 매우 소망스러운 것은 아닐까.

행림이라는 말이 의료계와 인연을 맺게 된 근서는 〈신선전(神仙傳)〉에 董奉居廬山 爲人治病 重者種杏五株 輕者 種一株 如此數年 計得十萬餘株가 되어 빽빽한 숲을 이루고 행자대숙(杏子大熟)하니 일컬어 동선행림(董仙杏林)이라고 부른 데서 비로소 살구나무와 의원들이 연을 갖게 된 것이다.

환자를 치료해 주고 그 대가로 살구나무를 뜰에 심게 하였던 동봉(董奉)의 인술과 멋을 못내 부러워하면서도 현대 의료업 자체가 막대한 시설과 인원을 필요로 하는, 산업구조화될 수밖에 없는 추세를 또한 안타까워한다.

최근에 미국에서 불치의 암에 살구씨가 특효라고 하여 크게 화제를 모으고 있다. 살구씨[杏仁] 중에 특별한 비타민 B가 들어 있어 이것이 항암작용을 한다는 소문 때문에 너도나도 살구씨를 구하는 데 혈안이었다고 한다.

물론 과학적인 분석결과는 크게 약물작용을 할 만한 성분은 발견 못 하였다는 공식적인 발표가 있었지마는 떠들썩한 만큼 그 효능의 여부는 좀더 두고 볼 일이다.

살구는 본시 한방에서 진해거담제로 많이 사용하여 왔는데 암에 특효하다는 살구씨의 성분은 실상은 아미그라린이라는 배당체로 다량의 지방유가 함유되어 있음이 입증되고 있을 따름이다.

이름깨나 알려진 중국요리점에서는 메뉴의 맨 마지막 순서로 행인탕(杏仁湯)이 나온다. 이는 소화를 돕는다고 알려져 있다.

행림과 더불어 의료계를 가리켜 도규계(刀圭界) 운운하는데 대부분 사람들은 칼[刀] 자 때문에 외과의사들을 얘기하는 걸로 알고 있으나 도규라는 말이 본래 약을 뜨는 수저를 가리키는 걸로 미루어 오히려 내과나 소아과의사를 가리킴이 타당하다고 여겨진다.

그러나 이로움이 있으면 해로움도 또한 뒤따르는 것이 세상만사의 이치, 어찌 살구만이 예외일손가.

살구를 많이 먹으면 정신이 흐리고 뼈와 근육이 상한다고 알려지고 있다. 쌍인(雙仁)과 같은 살구는 죽음의 과실임을 또한 알아야 한다.

민중의학론

 의사란 직업에 대해서 가장 욕을 잘했던 사람들이 바로 중국인들이었다. 그것은 돈과 결부된 반감으로 인한 것이었는데 현대 중국인의 생각이 얼마나 바뀌었는지 궁금하다.
 또한 가장 의사에 대해서 신뢰와 존경을 나타냈던 사람들도 중국인이었다.
 이러한 양면의 얼굴을 지닌 의사란 참으로 곤혹스런 직업일 것이다.
 의사가 어느 때부터 직업인으로서의 위치를 굳히게 되었는가는 알 길이 없다. 그러나 의사란 말 자체가 《주례(周禮)》〈천궁편(天宮篇)〉에 "醫師掌醫之政令, 取毒藥以共醫事"라고 기록된 것이 그 으뜸이 된다고들 하는바 본래는 의원들의 우두머리를 가리켜 의사라고 불렀다. 이 말이 후세에 와서는 모든 의원들을 가리켜 의사라고 부르게 된 것이다.
 말의 변천은 시대적 상황에 따라 새로운 의미로 쓰이는 경우가 많으므로 구태여 여기에 집착할 생각은 없으나 원(員)에서

사(師)되고 싶은 심정은 동서고금을 가리지 않는 것 같다.

예로부터 동양에서는 의자(醫者)를 인자(仁者)라고 하여 높이 평가하였고 또한 히포크라테스 선서에도 명백한 진료의 신성불가침권은 동양에서도 마찬가지였다고 한다. '醫者意也'라고 하여 병을 고치는 방법은 환자와 때에 따라 방문(方文)을 달리하지 않을 수 없으므로 의술의 이치는 필설로 다 이를 표현할 수 없다고 전해진다.

그러나 이러한 진료 독립적인 개념은 점차로 그 책임과 더불어 보이지 않는 여러 제약이 의사들에게 느껴지는 것이 현실이다.

또한 의술의 발달은 몇몇의 천재들에 의한 것보다도 민중의 위대한 삶의 응어리로서 재인식의 과정이 시급한 실정이다. 물론 히포크라테스나 갈렌과 같은 위대한 의인들의 업적은 길이 빛남에는 틀림이 없으나 이들 모두가 당시의 민중에 면면히 전해 내려오던 의술을 집대성하고 정리했던 행위를 공로로 돌려야 했다.

의술은 민중의 눈물과 한과 고통이 배어든 학문이다. 민중과 함께 살아왔고 민중과 함께 그 발전을 꾀하여 왔다.

위대한 민중의 시대에는 의학의 발전도 눈부시게 전개되었음은 역사가 증명하고 있다. 히포크라테스의 시대야말로 그리스의 민주주의가 가장 꽃피었을 때이며 소포클레스, 핀다르, 소크라테스, 플라톤 그리고 대역사가 헤로도토스나 피디아스 같은 별들이 아테네의 하늘을 찬란히 수놓은 시대였다.

따라서 히포크라테스 시대에 와서 비로소 의학이 다른 학문과 더불어 어깨를 나란히 했고 대접을 받게 된 것이다.

또한 가장 민주적인 학문이라고 불리는 까닭은 보편과 평등의 원리에 부합되기 때문이다. 병은 빈부귀천을 가리지 않는다. 또한 앓는 사람이 있는 곳에는 항시 의사가 있어야 한다고 여겨왔다.

그러나 의학의 발달은 많은 자본적인 뒷받침을 필요로 하였고 경직화된 직업의 변화는 많은 문제가 제기되고 있는 현실이다.

그러나 물고기가 물을 떠나서는 존재할 수 없는 법. 민중에 대한 따스한 정과 봉사 없이는 의사들이 설 땅도 또한 없을 것이다. 반면에 민중에 의한 따뜻한 격려와 이해 없이는 의학의 발달은 황소걸음이 틀림이 없고 더할 나위 없이 귀중한 생명은 결과적으로 소홀해지는 무서운 결과를 가져올 것이다.

위대한 민중만이 위대한 민중 의학을 탄생시킨다.

꽃술 터지는 시대

저녁 한때 코미디언 이모씨가 시청자들을 웃기고 있을 그 순간을 생각하여 본다면 참으로 재미가 있을 것 같다. 수백만의 시청자에게 거의 동시에 웃음을 자아내게 하는 그 마술은 현대의 기계문명이 아니고는 거의 불가능한 일이다.

더군다나 비정하기 그지없는 싸늘한 렌즈를 향하여 혼신의 정력으로 수많은 사람들을 웃겨야 하는 코미디언 역시 그 외로운 심정은 가히 짐작이 갈 만도 하다. 이러한 동시적 상황에서 현대를 살아가며 자기 자신을 지키는 일은 어려운 일일는지도 모른다. "평범이 곧 진리다"라는 대중사회의 가치 기준의 평균치를 존중하며 이를 넘어서 보려는 사람에게는 항상 비극이 뒤따르게 마련이다. 이 시대를 살아가는 데는 오직 용기만이 필요할 것이다. 신념은 자기를 지킬 줄 아는 용기를 가진 사람만이 지닐 수 있다.

어느 실험에서 돼지의 두 눈에 박혀 있는 렌즈를 통하여 사람을 보았더니 괴상망측한 괴물로 보이더라는 학자가 있었다.

어려서부터 십수 년간 온갖 지식과 경험을 쌓았다고 자부하는 수많은 공상가들이며 낙관론자들인 미래학자들이 장래의 인류 발전을 아무리 외쳐대도 현재의 자기를 지키지 못하면 무슨 소용이 있겠는가.

자기를 지킨다는 그 어려움을 우리는 무서워할 줄 아는 사람이 되어야 한다. 한 꺼풀씩 벗겨져 가는 자신의 잔해를 똑똑히 의식하면서 살아야 할 것 같다. 정신을 차릴 수 없는 온갖 상황 속에서 미래는 불완전한 것이며 과거는 허무한 것이다. 그러나 인간의 역사는 항상 그 당시의 상황을 극복하고 전진해 왔다는 사실을 기억할 필요가 있다.

로마의 영광은 영원히 계속되지 않았고 중세의 암흑시대도 르네상스로 말미암아 막을 내렸다. 혼돈의 시대라는 이 세계적 상황 또한 새로운 문명을 맞이하기 위한 진통이라고 여기고 싶다. 분열과 혼돈과 경쟁 속에서 오늘의 자신의 위치를 잊어버리고 잃어버린 수평선을 찾아 헤매는 가련한 존재가 아닌지 성찰할 필요가 있다.

무엇 때문에 우리는 생존하고 있는가를 수없이 반문해야 한다. 역사를 위한 한 가교로서만이 우리의 생존이 의의를 갖는가 아니면 자기 존재는 지구상의 모든 것과도 바꿀 수 없는 절대적 가치를 지닌 것인가를 생각해 보자.

대량생산, 대량소비 그리고 홍수와 같은 대량지식 속에서 헤어나오지 못하며 허우적거리다 죽어가는 아라비안나이트의 어느 주인공이 되어가는 것은 아닌지 다시금 반성해 볼 필요가 있다. 사람들은 각자의 자화상을 한 번쯤 그려볼 만하다. 자신의 욕망에 찬 눈망울과 고뇌에 찬 표정과 의미 없는 숱한 언어를 쏟아왔던 그 입술을 응시할 줄 아는 용기 있는 자만이 이 시대를 극복할 수 있을 것이다.

현대문명을 가리켜 '가스에 중독된 시대'라고들 흔히 말하나 그것이 '꽃술이 터져 나오는 시대' 다시 말하면 인간에게 희망과 행복을 가져다줄 시대가 되려면 자신이 자기를 지키는 자세로부터 비롯되지 않으면 안 될 것이다.

열대어

열대어를 기르는 묘미를 터득하기에는 아직도 거리가 먼 나였다.

다방이나 친지네 응접실 구석에 자리잡고 있는 어항을 바라보노라면 우선 자외선 색등의 조명 아래 노닐고 있는 각종 열대어의 아름다운 모습 또한 일품이 아닐 수 없다.

무어라 해도 열대어의 간판 어종은 등뒤 지느러미가 영락없이 망토를 펄럭이고 있는 것 같은 엔젤피쉬이거나 키싱피쉬일 것이다.

두 마리의 키싱어가 서로 입술을 맞대고 밀어붙이는 모양은 젊은 남녀의 사랑의 행위 같아 이러한 이름이 붙여진 것이리라.

그러나 이 방면의 전문가들 얘기로는 키싱어가 입을 맞추고 있는 것은 실상은 두 마리가 서로 힘자랑을 하고 있는 중이라는 해석이다. 이러한 모양이 세속인의 눈에는 서로 애무를 하는 모양으로 보인다고 하니 고소를 금할 수가 없는 노릇이다.

그러나 키싱어가 힘내기를 하는지 서로 애무를 하는지 사람이 완전히 알아내는 것은 거의 불가능하지 않을까 한다. 이러한 생물의 생태를 사람들이 이러쿵저러쿵 자기들 나름대로 해석하는 것도 문제가 있는 것 같다.

세상 살아가는 데 이러한 경우는 흔히 경험하는 바이다. 사물을 자기 나름대로 해석하는 건 자유지만 때로는 그것이 엉뚱한 해석과 결과를 빚는 경우도 있어서 사람들을 당황하게 한다.

이러한 경우를 곡해라고 부르는 모양이나 문제는 자기가 잘못하고 있다는 사실을 전혀 모르는 것이 더욱 문제가 아닐 수 없다.

요즈음 세상처럼 자기 빼놓고는 모두가 조금은 이상한 사람이거나 모자라는 사람으로 여기는 풍조는 곡해 풍년이 아닐 수 없다.

몇 년 전부터 나의 진료실에 열대어 어항을 갖추었다. 우리 집의 아이들이 진료실까지 내려와서 호기심에 찬 눈으로 열심히 들여다본다. 중학 다니는 큰아이는 책에서 보았다는 온갖 열대어를 연상하며 저건 무슨 물고기이고 요건 또 무슨 종류의 열대어라는 등 아는 체를 한다.

아픈 아이를 데리고 내원한 어머니들 중에는 "아이그야, 저 물고기들 좀 봐. 어쩌면 저렇게도 짝을 이루고 다닌당가" 하고 감탄이다. 키싱은 키싱대로 엔젤은 엔젤끼리 수마트라는 저희들끼리 몰려다니는 걸 보고 감탄인 것이다.

사실 열대어를 오래 기르는 사람들 중에는 어울려 다니는 율동미 때문에 기르게 되었다는 얘기를 종종 듣게 된다.

이러한 현상을 군집이라고 하는데 동물계에서 흔히 보아온 사실이다. 아프리카 대륙의 코끼리떼며 얼룩말의 대이동이며 하마 대군들이 모두 군집현상이다.

그러나 사람들은 새삼스런 발견처럼 감탄하게 된다. 또한 어항 속에서 전개되고 있는 무시무시한 광경에 때로는 놀라게 된다.

비교적 적응이 까다로운 열대어 중에 죽어 자빠져 있는 물고기가 있게 되면 깡패라는 별명이 붙은 수마트라를 위시한 열대어가 사정없이 달려들어 뜯어먹게 된다. 이걸 보는 어머니들은 기겁을 하게 된다.

그러나 이러한 광경을 신기한 듯이 열심히 들여다보는 것도 또한 사람들이다. 사람들의 이러한 이율배반적인 심성을 아는지 모르는지 그저 죽어 자빠져 있는 동료들의 공격에 여념이 없는 물고기의 생태이다.

아름답다, 무섭다, 또는 징그럽다 하는 것은 오직 사람들 스스로 자기들의 감정을 표시하는 것일 따름이다.

생물학자들 얘기로는 하등동물에서는 이러한 군집현상이 유별나게 많다고 한다. 이유야 여러 가지로 많겠지만 우선 살아가는 데 필요하기 때문일 것이다.

그러나 고등동물에 있어서는 이러한 현상이 없어지지는 않으나 개체의 독립성을 강하게 나타내는 것 같다.

인간사에 있어서도 남을 헐뜯고 모략하고 시기하는 사람들을 보면 이러한 군집 본능이 유달리 강한 사람이 많다.

끼리끼리 모여서 힘을 합하고 이러한 군집력을 이용하여 상대편을 무조건 헐뜯고 모략하는 작태를 나타낸다. 이런 사람들에게서 정면에 나서서 정정당당히 시시비비를 가리는 용기는 도저히 기대할 수 없다. 뒷전에서 저희들끼리 희희덕거리고 쥐꼬리만한 이해가 얽히면 서로 다투다가 자기들과 다른 생각을 가진 사람이나 뛰어난 사람을 만나기만 하면 이러한 군집 본능이 여지없이 발동되어 공동의 적을 향하여 돌진하게 마련이다.

세 자 남짓한 조그만 어항 속에서도 먹이를 두고 물고기들이 서로 다투는 경우도 많다. 때로는 서로 의좋게 돌아다니다가 갑자기 쫓고 쫓기는 자체가 구애를 위한 사랑싸움인지 무료하여 경주를 벌이는지 아니면 어항을 호기심에 찬 눈초리로 들여다보는 사람들에게 당신들은 이렇게들 자주 싸웁디다 하고 흉을 내어 보이는지는 알 길이 없다.

돼지의 렌즈를 통하여 사람을 보았더니 사람이 무슨 괴물처럼 보였다는 호사가의 실험도 있었지만 열대어의 눈에 비친 사람의 모습 또한 어떻게 생겼을는지 궁금하다.

그러고 보면 어항에 갇혀 있는 열대어와 이를 빙 둘러싸고 구경하고 있는 사람과 누가 구경꾼인지 아리송하다.

이러한 경우가 어디 열대어와 사람 사이뿐이랴. 사람과 사람 사이에도 언제나 벌어지고 있는 일이다.

개선문

고대 로마의 장병들이 타민족을 정복하고 의기양양 귀국할 때에 이들의 공로를 가리기 위하여 창검으로 문을 만든 안을 통과하여 개선하게 하였다. 이것이 개선문이 생기게 된 시초이다.

개선문은 역시 파리에 있는 '에투알' 개선문이다. 1792년에 샤르그랑에 의하여 설계되어 1836년에 완성되었으니 장장 44년이 걸린 셈이다.

개선문은 아니지만 베를린의 '반덴부르크' 문이 또한 베를린의 분단으로 유명하게 되었다. 조선말 개화당 사람들에 의한 독립문의 설립으로 자주 독립의 기상을 내외에 과시한 것은 잘 알려진 사실이다.

사람들은 왜 문을 만드는가. 문은 하나의 이념을 상징하고 있기 때문이다. 로마의 개선문은 세계의 모든 길은 로마로 통한다는 로마 제국의 정복을 뜻하였고, 에투알 개선문은 나폴레옹의 영광을 기념하기 위한 것이었다. 나폴레옹의 영광은 프랑스가 구주 대륙의 패자로서의 영광을 의미하였다.

그러나 독일 태생의 반전 작가인 '에리히 마리아 레마르크'가 바라본 개선문은 한 영웅의 영광을 위한 전쟁 때문에 모든 삶의 의미를 잃어버린 평범한 사람들의 통곡에 찬 결정체였을 뿐이었다. 나치스에 쫓겨 다니는 그에게 개선문은 폭력과 비리의 상징적인 존재이다.

인간이 자기의 행복을 추구할 수 있는 권리조차 빼앗아 갈 만한 그 아무것도 세상에는 없는 것이다.

전쟁의 모든 것은 비논리적인 것이다. 미화된 전쟁의 목적은 오로지 허구를 은폐하기 위한 하나의 수단이었다. 오늘날 전세계의 인류는 불안에 떨고 있다.

제1차세계대전 당시 세계를 뒤덮고 있던 경제적 불안, 태평양 전쟁의 원인이 된 석유 자원과 군국주의의 팽창으로 인한 전쟁의 발발에서 인류는 귀중한 역사적 체험을 한 바 있다.

오늘날 세계적인 경제적 불안과 자원 경쟁은 인류가 또다시 시련의 문턱에 있다는 것을 뜻하고 있다. 비인간화된 문명의 뒤안길에서 몸부림치는 인간 군상을 목격하고 있다. 굶주림과 비인간화는 인류가 극복해야 할 공적(公敵) 제1호라고 할 수 있다.

인류 앞에 가로누워 있는 수많은 도전적인 장애물을 생각하며 이를 넘어서기 위한 상징적인 존재로서의 문을 보게 된다.

에투알 개선문에서는 국민대중 위에 군림한 고전적인 영웅상의 허구성을, 반덴부르크에서는 이데올로기의 잔인한 비극성을, 우리의 독립문에서는 민족의 발전을 위한 정열의 몸부림을 목격한다.

나는 탄핵한다

 전 미국대통령 '닉슨'이 정맥염으로 입원하였다고 한다. 이 병은 앓아본 사람만이 그 말할 수 없는 고통을 알 수가 있다. 더구나 '탄핵'이라는 말은 '닉슨'의 이름과 함께 끝장 없이 따라다니는 말이 되었다.
 탄핵에 대한 유명한 글이 생각난다. 1869년 1월 13일 파리에서 발간되는 자유신문인 〈오를르〉 1면에는 '프랑스'는 물론 전세계가 놀랄 만한 글이 실려 있었다.
 당시에 인기 작가였고 〈여우(女優) 나나〉로 우리에게 잘 알려진 에밀 졸라가 쓴 〈나는 탄핵한다〉라는 제목의 장문은 격정적인 문구로써 당시 반역죄의 억울한 누명으로 투옥당한 유태계 장교 '드레퓌스' 대위의 무죄를 역설하였다. 그때 프랑스를 뒤덮고 있던 국수주의와 군국주의의 거센 물결 속에서 오도된 민중의 돌팔매질과 생명의 위협에도 굴함이 없이 그는 "진리가 전진하고 있다. 이것을 가로막는다는 것은 어떠한 힘으로도 불가능하다"라고 부르짖었다. 결국 전유럽이 이 드레퓌스 사건으로 떠들썩하였고 결과는 무죄로 판명되었으나 그때는 이미 억울한 5년간의 유배생활 후였다. 진리와 정의가 결국은 승리한 것이다. 진리와 정의의 승리를 믿는 자에게는 시련과 고독이 뒤따르게 된다. 그러나 진리와 정의에 대한 갈망이 인간에게 충일할 때 그는 가장 고귀한 존재인 것이다.

'갈릴레이 갈릴레오'의 한마디 독백에서 결코 부러지지 않는 고독한 갈대의 모습을 보게 된다.

닉슨의 비극은 한마디로 미국 사회의 정치적·경제적·본성적 자유에 대한 복합적인 갈등의 결과인 것이다.

이러한 복합적인 요소 때문에 이 사건의 중요성을 더욱 인식하지 않으면 안 될 것 같다. 진정한 의미에서 이 사건의 본질적 영향은 이제 시작된다고 볼 수 있다. 우리는 미국 사회의 도덕적 비판에 주시를 해야 할 것 같다.

닉슨과 졸라. 한 사람은 세계 최강의 국가 대통령이었고 한 사람은 권력 없는 한낱 작가였을 뿐이다. 한 사람은 인간정신의 승리를 믿었고 한 사람은 목적을 위하여 수단방법을 가리지 않았다. 한 사람은 분수처럼 자유와 정의를 생명을 무릅쓰고 외쳤고, 한 사람은 인위적인 질서를 시도하였다. 한 사람은 당대에 그의 주장이 옳았음이 증명되었다.

그러나 한 사람은 그의 몰락을 가져왔다. 그 누가 진정 고독한 인간상이었던가. 한 사람은 오도된 민중에게서 무서운 고독을 느꼈고 한 사람은 자신에 대한 쓰라린 고독을 느꼈을 것이다. 인간의 본성이 살아 있는 한 사람은 인간정신의 영광을 가져온 승리자였고 다른 한 사람은 정치권력의 허무함을 보여준 패배자였다.

   승리와 패배 — 이 모두가 고독한 것이다.

퀴논의 비극

맹호부대가 주둔한 곳으로부터 지프차로 30여 분 달리면 월남인들의 공동묘지가 나타나고 이어서 해변을 끼고 돌아가면 바로 시가가 나타난다.

시장에는 월남인들 사이로 외출 나온 한국군이 섞여 북적거리는데 비리끼한 그들의 체취로 머리가 아플 때도 있다. 퀴논 시민의 생활은 맹호장병들을 떠나서는 얘기할 수 없을 정도였다. 한마디로 맹호가 있기에 그들은 퀴논에서 살아간다 해도 과언이 아니었다. 시내 중심가에 자리잡은 교포가 경영하는 '코리아나' 식당에서 흰 쌀밥에 불고기를 사먹는 재미는 아마 퀴논에서 생활해 본 사람은 그 누구도 잊지 못할 것이다.

부대로 돌아오는 길에 바나나, 망고, 파인애플을 한아름 사서 병원 사람들과 나누어 먹는 재미 또한 기억에 생생하다.

바다에서 바라보면 시가가 온통 야자수로 덮여 있어 듬성듬성 건물의 지붕이 보일 따름이다. 전쟁하는 나라답지 않게 평화로운 풍경이다.

인구 15만 남짓 되는 도시지만 월남인 외에 화교와 인도인, 말레이시아인들도 거주하고 있다. '따이한'에게는 살살거리는 인도 상인보다는 오히려 월남인이 더욱 친근하게 느껴지는 것도 사실이었다.

한국군이 피와 땀으로 지켜왔던 도시가 일순간에 베트콩에게 점령되었으니 그곳에 살던 사람들의 운명은 어떻게 되었는지 모르겠다. 전쟁의 비참함은 오직 전쟁을 겪어본 사람만이 안다. 우왕좌왕하는 시민들과 수많은 주검이 널려 있을 거리와 방화로 아수라장이 되었을 광경이 눈에 선하다. 정글로 뒤덮인 벌판에 갖은 고생을 겪으며 건설하고 가꾸었던 병원 건물이 불타며 헐리는 것 같다는 그곳 소식을 듣고 밤새 이리저리 뒤척였던 사람이 많았을 것이다. 무엇 때문에 젊은 피를 흘리며 지켜왔는가 하고 일말의 허무감조차 깃든다.

월남 전사에 그 치열함 때문에 길이 남을 '안케' 전투의 혈전도 '퀴논' 방어전이었다. 전쟁의 격렬함 속에서 멀리 뻗어간 들녘을 바라보며 인간은 왜 전쟁을 하는가 하고 반문할 때가 한두 번이 아니었다.

고지에 있는 기지에 순회진료를 가면 새까만 얼굴에 눈동자만 반짝거리던 병사들을 잊을 수가 없다. 전쟁에서 하나의 도시의 손실쯤이야 으레 있을 수 있는 일일는지 모르나 '퀴논'이란 이름을 그렇게 감동 없이 부를 수는 절대로 없을 것이다. 한 도시의 비극에서 소위 강대국의 무자비한 '내셔널리즘'의 한 단면을 보는 것 같아 정신이 번쩍 든다.

동천(冬天)과 사마천(司馬遷)

고독은 무서운 것이다. 심연의 밑바닥에 도사리고 있는 고독은 사람을 끊임없이 희망과 나락으로 오르내리게 한다. 수필가 이양하는 〈나무〉란 그의 수필에서 고독을 이렇게 말하였다.

"나무는 고독하다. 나무는 모든 고독을 안다. 안개에 잠긴 아침의 고독을 알고, 구름에 덮인 저녁의 고독을 안다. 부슬비 내리는 가을 저녁의 고독도 알고 함박눈 펄펄 날리는 겨울 아침의 고독도 안다. 나무는 파리 옴짝 않는 한여름 대낮의 고독도 알고 별 얼고 돌 우는 동짓달 한밤의 고독도 안다. 그러나 나무는 어디까지든지 고독에 견디고 고독을 이기고 또 고독을 즐긴다."

이제 조금 있으면 '별 얼고 돌 우는 동짓달 한밤의 고독'에 접하게 된다. 수해(樹海)의 나무들처럼 고독의 깊이는 각자 다르다.

고독은 나무들처럼 서로를 바라보고 있으면서도 근접할 수 없는 것, 그래서 고독은 더욱 서럽고 무서운 것이다. 대역사가였던 사마천은 《사기》를 엮으면서 창틈 사이로 얼어붙은 동천을 바라보며 울었다. 한장(漢將) 이능(李陵)이 흉노군에 항복한

죄를 논의하는 장소에서 그를 변호하다가 무제(武帝)의 노여움을 얻은 사마천은 궁형(宮刑)을 받았다. 거세되어 남성 구실을 잃은 그는 수치와 한에 치를 떨었다. 그러나 좌절하지 않았다.

"몸은 비록 불구라 할지라도 내가 알아낸 태곳적부터 현금에 이르기까지 과거사를 보다 바르고 소상하게 생생하게 후세에 알려줄 수 있다. 이 일을 성취하기 전에는 눈을 감을 수 없다."

사기의 저술을 시작한 7년 만에 변을 당한 그는 이후 11년간에 걸쳐 무서운 고독과 싸워야 했다.

그에게 바라보이는 것은 모두 그의 고독을 채찍질했으리라. 긴 겨울밤, 승냥이의 울음소리, 변방의 전장에 끌려간 남편이 그리워 흐느끼는 소리, 앙상한 가지 사이로 사나운 바람이 훑어가는 소리며, 한겨울밤 이웃집 선비의 글 읽는 소리, 모두가 고독한 대상이었을 뿐이다. 그는 고독과 정면으로 맞섰다. 그리고 이겨낸 것이다. 12본기, 10표, 8서, 30세가, 70열전, 도합 130권의 방대한 저서를 완성한 것이다. 한 구절마다 피맺힌 그의 목소리와 무서운 고독의 소리가 들리는 듯 후세의 사람들을 감동에 젖게 한다. 12월, 회한의 감정이 밀물한다. 연례행사처럼 우리들을 휩쓸었다가 사라져 버리는 값싼 감상을 처리할 때다. 진실로 고독의 무서움을 아는 자만이 고독을 사랑하게 되고 그의 영혼을 되찾게 될 것이다. 동천을 머리에 이고 한 해 동안 자신이 얼마나 고독했던가를 되묻는 계절이 다시금 왔다. 한밤중 눈보라가 허공을 씻어가는 자에게 진실로 영광이 깃들기를.

여우와 원만족(圓滿族)

우리나라 근세사에 인격자로 존경을 받던 두 분을 얘기하면 도산 안창호 선생과 월남 이상재 선생을 들 수 있겠다. 그러나 이러한 훌륭한 인격자에게도 주위의 일부에서는 헐뜯는 못된 무리가 있게 마련이었다. 도산을 가리켜 지벌주의자(地閥主義者)라고 매도하던 사람의 말을 전해 듣고 도산은 눈물을 흘리며 "모든 것은 나에게 책임이 있네" 하고 자성하셨다는 얘기는 유명하다.

월남 선생도 그분의 기행과 직언으로 일부에서는 여러 모로 헐뜯고 이단시하는 무리가 있었으나 그분의 애국심과 정의감에는 그 누구도 추종을 불허하였다. 이 두 분을 우리나라 근대의 대표적인 인격자라 불러도 크게 잘못은 아닐 성싶다.

근래 우리 사회에는 '원만한 사람'들이 참말로 많은 것 같다. 건듯하면 서로 죽일 놈이라고 적의의 눈으로 세인을 보는 사람에게는 인격자가 안중에 있을 리 없다. 인격자보다 '원만한 사람'이 우글거리는 현상을 사회학자들은 뭐라고 할지 모르나 진정으로 원만한 사람이 많으냐 하면 그도 아닌 것 같다. 원만이란 본래의 뜻은 불가(佛家)에서 말하는 공(空)과도 상통한다. 모든 것을 포용하고 잉태하는 것을 의미한다. 훌륭한 인격을 갖춘 데서 비로소 원만이 가능할 것이다. 그러나 원만이란 탈을 쓴 여우야말로 극히 경계하고 무서워해야 할 것 같다.

진실에 대한 절실한 추구와 용기도 없이 이곳저곳 탈을 쓴 채로 자기를 팔러 다닌다. 목전의 쥐꼬리만한 이익을 위해서 불의를 보고도 못 본 체, 거짓을 보면서도 너털웃음으로 얼버무림이 가장 원만한 것으로 낙착되어 가는 풍속이야말로 생각해 볼 문제다. 남에게 조금이라도 호의를 갖도록 주장과 원칙까지도 굽히면서 고개를 숙여야 원만한 사람으로 평가되며 너도나도 닮으려고 애쓴다. 이러한 시세를 탓할 생각은 병아리 눈물만큼도 없으나 참말로 아쉽고 그리운 사람은 또한 진정한 의미의 원만한 인격자이다. 거짓에 대하여 한마디 항의조차 안 하는 원만한 사람은 필요 없는 사회가 바람직하다.

우리 사회에는 귀여운 자식을 가르칠 때 아직도 훌륭한 사람이 되라고 하지 원만한 사람이 되라고 가르치는 부모는 없다. 훌륭한 인격자는 아직도 목마르게 기다려지며 탈을 쓰지 않은 진정 원만한 인격자가 많이 배출되어 사회 발전의 구심점이 되기를 바란다. 원만의 탈을 쓴 여우야말로 결국 우리 사회를 약육강식의 동물원으로 격하시키니 어찌 경계 안 할 일인가.

조조삼소(曹操三笑)

수많은 군병이 개미떼처럼 몰려오고 있었다. 80만 대군은 일시에 무너졌고 조조는 도망치느라 정신이 없었다. 따르는 군사는 불과 몇 사람, 도림(島林)과 남이융(南夷隆) 그리고 용도(容道)를 지나면서 그는 손권(孫權)과 공명(孔明)의 지혜 없음을 비웃었다. 그러나 그가 비웃을 때마다 이미 매복했던 적병이 쳐들어와 혼이 났다. 이것이 그 유명한 《삼국지》의 조조삼소(曹操三笑)다.

후세의 사람들은 조조의 어리석음을 비웃었다. 제 지략만 믿고, 타인의 지혜를 깔아뭉개는 그의 경박함을 꾸짖었다.

혹자는 그의 웃음이 패군지장의 입장에서 볼 때 그의 담대성, 지휘 능력의 뛰어남을 보여주는 것이라고 칭찬한다. 그러나 조조의 생명은 관우(關羽)의 정과 의리 덕분에 구할 수 있었다. 만일 조조가 또 한 번 웃을 수가 있다면 그는 관우의 신의를 비웃을는지 모른다.

이 난세에 패자는 의(義)도 정(情)도 모두 전략적 수단에 불과하다고 생각했을 것이다.

또한 삼일소연(三日小宴)에 오일대연(五日大宴)의 예(禮)로서 관우를 대하였던 은덕의 결과라고 자기의 총명함을 자랑하며 웃었을는지 모른다.

오늘날 우리 주변에는 조조사소(曹操四笑)를 하는 무리들이 우글거리고 있음을 볼 수 있다. 타인의 지혜와 정의는 모두 틀린 것이라는 독선적 사고방식, 그리고 남을 헐뜯고 권모술로 인생을 살아가려는 사람들, 그들은 오직 결과만을 정의라고 우긴다.

그러나 조조의 말로는 어떠한가. 당대의 명의 화타 선생의 뇌수술을 받지 않았기 때문에 명을 재촉하였고 또한 자신의 창업을 사마(司馬)씨에게 빼앗긴다. 원인은 인간불신이었다. 믿음을 모르는 그에게 뇌를 쪼개라는 명의의 말이 가당키나 하였을까?

그러나 그는 네 번째의 웃음을 잃었다. 일찍이 그에게 올바른 소리로 간하였던 충신을 생각하며 부하들 앞에서 대성통곡하였다. 그도 한 범부였을 뿐이다. 천하의 간웅(奸雄)이라는 조조가 후세인에게 다소의 사랑을 받는 주인공이 되었음은 오로지 이 때문이었다. 천하의 조조도 궁지에 몰려 충직한 참모를 그리워했다. 인간의 능력이란 한계가 있는 것이다. 충신이란 군주의 능력 한계를 일깨워주고 중인의 지혜 있음을 존경할 줄 알게 하는 데 있다. 또한 섬기는 군주를 울게 할 수 있는 참모만이 참다운 보필자(輔弼者)라고 할 수 있다.

타인의 의견을 시대착오적, 사이비로 외면하는 신하는 전연 그의 군주를 울릴 수가 없다. 군주를 울리지 못하는 신하는 결국은 군주로부터 버림을 받게 마련이다. 천고마비의 이 좋은 계절에 우리 모두가 한 번쯤은《삼국지》를 읽었으면 한다. 특히 간웅(奸雄) 조조가 적벽대전(赤壁大戰)에서 대패하고 삼소(三笑)한 연후에 울어대는 장면을 소리 높여 읽으면 더욱 제맛이 나리라.

오노다 소위의 비극

남지나해를 항해해 본 사람은 여러 가지 감회를 맛보게 된다. 레이테만 오키나와 전투에서 바닷속으로 사라져간 수많은 신풍특공대(神風特攻隊)와 전함 무사시, 야마도의 최후의 몸부림을 보는 것 같아 일본 제국주의의 비참한 말로를 생각하게 한다.

그러나 바다는 수많은 젊은 생명을 삼키고도 말이 없었다. 야자수 숲에 둘러싸인 필리핀의 작은 섬이 그저 평화롭기만 하다. 필리핀 탈환전에서 희생한 일본군 사망자는 무려 32개 사단의 40만 명. 군국 일본의 단말마적인 모습이었다. 이 소용돌이 속에서 살아남은 일본군 정보학교 출신 오노다 히로. 그는 지난봄에 필리핀 정글에서 전후 29년 만에 발견되어 일본이 떠들썩하였고 형식적일망정 정식 항복을 하여 제국군인의 정수처럼 떠받들려 귀환하였다.

그가 브라질로 이민을 가게 된다는 소식이다. 그 자신이 생명을 걸고 지켜왔고 그리워했던 조국을 떠나는 것이다. 일본 국민들이 전사자들에 대해 존경심을 가지고 있지 않기 때문이라는 게 오노다의 심정이다.

우리는 여기에서 한 인간에 주입된 군국주의의 집요성과 무서운 좌절을 봄으로써 많은 생각을 불러일으킨다.

사무라이 정신의 정화라고 추켜세워진 '일왕의 적자'들은 무참히 죽어갔으나 젊은 병사들의 충성의 대상인 일왕은 그의 말년을 안락하게 지내고 있다.

오노다의 젊음을 바쳤던 일본 국민은 어제의 황국신민이 아니었다. 29년간의 기록적인 정글 생활에 더욱 관심을 나타내며 전전(戰前) 구시대의 유물을 보는 듯한 일본 사회에서는 이미 그에게 안주할 땅이 없어져 버린 것이다.

전후에 인간선언을 통하여 "나는 신이 아니다"라고 말한 일왕을 위하여 목숨을 버린 수백만의 젊은이들이 이 오노다의 모습을 지하에서 볼 수가 있다면 어떠한 생각을 할는지? 인간의 본성인 도덕성이 변질되어 얻어진 군국주의는 역사적인 비극성을 지닐 수밖에 없는 것 같다. 역사의 소용돌이에서 벗어날 수도 없는 개인의 운명이고 보니 한 시대의 주인공이라고 너무 뻐길 수도 없는 노릇이다. 그러나 개인은 항시 역사의 주인공이 되기를 강요당하는 수가 많다.

어쩌면 일본 군국주의의 패망이 필연적 사실이지만 만일 중공에서 발견했다는 북만주의 '대경유전(大耕油田)'과 발해만의 '승리유전(勝利油田)'이 당시에 개발되었다면 이 비극은 어떤 방향으로 전개되었을지 궁금한 일이다.

그러나 역사에는 가정이 없는 법이다. 그가 불렀던 군가는 엄연한 역사적 사실이다. 역사적 상황에서 내팽개쳐진 한 인간의 비극적인 생애를 새삼스럽게 생각하게 하는 오노다 히로 소위의 모습이다.

트윈드래곤호(號)

월남 피난민 217명을 싣고 바다 위를 정처 없이 떠다니는 우리나라 선박이 있다. 그 이름은 트윈드래곤. 구태여 번역하자면 쌍용이라고나 할까.

월남전을 도맡았던 미국은 물론 필리핀, 타이에서도 이들의 착륙은 허용되지 않고 있다. 항해에 익숙하지 않은 사람은 대양에서 하루만 있어도 고생이 심하다. 조국을 잃고 바다 위를 떠다니는 월남인들과 인도적으로 이들을 구출하여 골치를 앓고 있는 선원들의 심정이야말로 처절하기 그지없을 것 같다.

한 국가가 패망할 때에는 으례 숱한 비극과 후일담이 무성하나 문제는 트윈드래곤호에 대한 세계인의 냉정한 눈초리이다. 전쟁이 한창일 때 숱하게 쏟아졌던 구호와 동정의 손길은 어찌 된 셈인가. 진정으로 따뜻한 손길이 필요한 시각인데도 그들은 등을 돌리고 있다.

아시아 대륙에서 중공이 육지의 용이라고 하면 미국은 바다의 용이라고 일컫는다. 이 두 용의 쟁패에 희생된 약소민족에 대한 도덕적 책임은 과연 누구에게 있는가?

또한 아시아의 잠용(潛龍)인 일본의 그 냉엄한 태도를 아시아인은 반드시 기억하여야 한다. 사이공의 '센트럴 마켓'과 촐론 시장에 산같이 쌓인 일본 상품과 매연이 뿌연 거리를 달리는 오토바이의 홍수, 이것이 모두 일본 제품이었다. 월남인들에게 '혼다'라는 이름은 오토바이의 대명사였다. 전쟁으로 일본이 벌어들인 수십 억 달러의 몇만 분의 1이라도 이들 난민들을 위하여 써야 할 의무가 일본에게 있다.

왜냐하면 일본이 항상 아시아의 지도국인 양 구는 그 자부심을 위하여 또한 약소민족의 자결권을 존중한다고 세계를 향하여 나팔을 불어댄 그 자존심을 위해서도 그들은 행동으로 보여주기 바란다.

귀중한 인명을 희생하면서까지 참전한 우리나라의 상선이 이들 피난민을 싣고 대양을 방황해야 할 이유가 아무 데도 없을 것 같다. 물건을 실러 가던 배가 바다에 빠져 허우적거리는 사람을 구한 것은 당연하고 장한 일이 아닐 수 없다. 그러하면 인접국가인 타이나 필리핀에서도 이러한 인도적인 면에서 허심탄회한 결단을 보여주어야 한다.

전쟁재민은 결코 국제정치의 제물이 되어서는 안 된다. 직접 또는 간접으로 이 전쟁에 관여했던 모든 나라는 이들이 안주할 땅을 제공해 주어야 한다.

그리고 강대국들은 세계를 향하여 떠들어왔던 평화와 자유의 수호자임을 실증하여야 한다. 중국대륙에서 전개되었던 청조말의 드라마와 우리의 조선말의 상황을 우리는 결코 잊지 않고 있다. 역사는 세월이 흐를수록 그 의의가 가중됨을 드래곤 국가들은 기억해야 할 것이다.

지식인

정치적 후진국일수록 지식인의 역할에 대한 논의가 많다.

인텔리겐차라는 말은 19세기에 처음 사용되었는데 그 정의는 사실상 애매하다. 그러나 지식을 위해서 지식을 유지하고 창조하며 전달하고 확대시키는 사람들을 지식인이라고 규정할 수 있다.

프랑스의 철학자이며 비평가인 레몽 아롱에 의하면 지식인은 관념의 인(人)이며 과학의 인(人)이라고 하였다. 또한 지식은 현실에 대해서 삼단계의 비판을 한다고 하였다.

첫째는 지배자, 행정자의 입장에서 잘못을 시정하는 방안을 제시하는 기술적 비판, 둘째는 현실의 상태에 대해서 마땅히 그럴 수밖에 없는 막연하고도 불가피한 대립적 의견인 도덕적 비판 그리고 현재의 사회를 장래 사회의 이름 하에서 청사진을 제시하는 역사적 비판이 그것이다.

영국인과 미국인은 기술적 비판과 도덕적 비판의 혼합형에 쏠리며 프랑스인은 도덕적 비판과 역사적 비판 사이를 오락가

락한다. 그러나 지식인에게는 도덕적 비판이 원칙적으로 모든 비판 중에서 그 근원이 된다고 하였다. 왜냐하면 지식인은 인간과 이성을 신앙하기 때문이다. 결국 지식인은 그의 비판을 통해서 그가 인간이라는 것을 확인하고 이성을 지닌 것에 대한 긍지를 갖게 된다.

그러나 지식인이 반드시 반항적이라고 할 수는 없다. 고대 중국의 대표적 지식인인 공자는 당시의 정치 형태를 긍정하고 발전시키는 데 주력하였다. 이런 점에서 지식인은 긍정적인 소인을 또한 지녔다고 할 수가 있는 것이다.

세계의 모든 국민이 각자 나름대로 고민과 문제를 안고 있다. 이 문제의 올바른 극복을 위해서는 지식인의 참여가 절실하며 참여를 통하여 자기 존재를 주장하여야 한다. 이들의 비판적 기능은 창조적이어야 하고 존중되어야 한다. 또한 참여의 문은 항상 개방되어 있어야 한다.

그러나 지식인의 비판을 귀찮은 것으로 여기며 지식인은 부정적인 소인만을 지닌 사람들이라고 단정하는 행위 자체도 창조적일 수는 없다. 긍정과 부정은 때로 자의적일 수가 있기 때문이다.

국가는 한 운명을 지닌 사람들이 타고 있는 배와 같은 것이며 국가의 운명에 따라 각 개인의 생존도 좌우되는 것이다. 격동의 시대를 헤쳐 나아가는 데는 이들의 지혜가 필요불가결하며 지식인이 존중받고 이들이 긍지를 지니도록 노력하는 사회만이 발전이 가능한 것이다.

레몽 아롱은 말하였다.

"지식인은 국민적 위신의 동요에 대해서는 한층 민감하며 국가적 영광에 대해서 결코 무관심하지 않다. 왜냐하면 그들의 사업의 전망과 결과가 부분적으로 거기에 달려 있기 때문이다. 즉 역사의 정신이 타국으로 넘어가는 것을 결코 용납하지 않는다."

아니콘의 보물

중학시절에 해방 후 귀국한 재일동포 한 분이 이웃에 산 적이 있었다. 그 양반이 화가 나고 괴로울 때마다 뇌까리는 말이 있다.

"이래봬도 난 태가 일본 땅에 묻혀 있는 놈이야. 나를 함부로 알간…."

요즈음에 '아니콘'들이 점점 늘어나는 경향이 있다. 아메리칸과 니뽄진과 코리안의 첫 자를 따서 붙은 아니콘들의 득세는 정말로 목불인견이 아닐 수 없다. 혼을 허공에 빼앗겨 미국인도 일본인도 그렇다고 순수 한국인도 아닌 사람들이다. 친척과 가족이 미국이나 일본에 가 있는 것이 무슨 큰 자랑거리인 양 덩달아 우쭐대는 모양은 가소로움을 넘어 오한이 날 지경이다. 미국에 이민 간 것이나 도일한 것을 무릉도원에 입문한 것처럼 착각하는 것 같다.

외국을 동경하고 이민하는 것이 잘못일 수는 물론 없다. 그러나 그들은 우리의 것은 엽전들이 만든 것이므로 모두 시큰둥하다는 생각이다. 우리 것만 제일이라는 편협한 국수주의자도 또한 문제가 되겠지만 아니콘의 발호는 우리의 민족적 긍지를 정면에서 도전하는 것 같아 가슴이 메인다.

인도의 갠지스강을 중심으로 즐비하게 널려 있는 거대하고 정교한 석재문화재며 중국의 대륙적이고 현란한 문화재를 대할 때 우리 문화의 스케일이 비할 데 없이 초라하게 느껴질 때가 있다. 그러나 겨레의 문화란 그 스케일의 크기와 완숙의 정도로만 평가될 수 없는 것, 그 겨레의 정과 한의 생명력이 담긴 얼 자체이기 때문이다. 부잣집 에어컨 방이 아무리 서늘해도 우리집 대청마루의 그 차가운 감촉을 잊을 수 없듯이 얼은 한순간에 생기는 것도 없어지는 것도 아니다.

요즈음 목포 앞바다에서 보물을 건져내느라 모두들 흥분이다. 시가 몇억 원이 될 거라는 통에 더욱 야단들이다. 건져올린 문화재를 과소평가하려는 것이 아니라 우리의 전통문화와 어떠한 연관이 있어서 귀중한 것인지 문화재 관계자들은 재빨리 국민들에게 납득시켜야 한다. 나폴레옹이 이집트에서 훔쳐온 오벨리스크가 프랑스의 것이 되었는가. 그것은 영원히 이집트 문화의 상징이 될 뿐이다. 소유자는 오직 창조자의 문화정신에 대한 감동만이 있을 뿐임을 알아야 한다. 우리에게 시급한 일은 민중 속에 잠재한 수많은 보물이 자기 집의 사랑과 부엌에, 산하에 부지기수로 널려 있음을 알게 하는 일이다. 그것은 돈으로 환산할 수 없는 우리 조상의 가난과 고난 속에서 면면히 흐르는 한국인의 얼에 대한 표상임을 알아야 한다. 값비싼 문화재란 말에 경황 없는 세태는 아니콘의 맹독이 퍼져가는 증좌가 아니겠는가?

첩보원 조르게

 30여 년 세월이 흐른 후에 비로소 주검에서 되살아난 사나이가 있다. 그 이름은 '리히알트 조르게'. 독일 태생으로 소련의 일급 스파이가 되어 일본 참전의 기회를 소련에게 제공한 장본인이다.
 소련은 그의 첩보 사실과의 관련을 극구 부인하다가 종전 20여 년 만에 모스크바 방송이 비로소 그를 영웅이라 부르면서 간접적인 시인을 하였다. 사형을 받은 지 30여 년이 지난 요즈음 알려진 사실은 실상은 양국 사이의 협상에 의해서 소련에 송환되었다고 당시의 독일 태생의 통역관이 털어놓았다.
 참으로 불가사의한 것이 국제정치인 것 같다. 그의 국적은 독일, 정치학 박사로서 당시 독일의 유력신문《베를리너 모르겐 포스트》지를 비롯한 3개 신문 동경특파원으로서 프랑스어, 영어, 러시아어는 물론 중국어, 일본어에 통달한 대단한 어학자였다.
 위장하여 동경에 파견된 그는 독일 외상 '리펜트로프'의 비호를 받으며 독일특파원 자격으로 그의 조국 독일을 위해서가 아닌 적국 소련을 위하여 활약하였다. 일본 군부가 태평양에서 미, 영을 공격할 것이라는 최고의 비밀을 소련에 알린 것도 바로 그였다. 한 사람의 첩보활동이 얼마나 엄청난 결과를 초래하는지 보여주는 좋은 본보기였다.

그러나 종횡무진하던 그도 7년 동안 암약하던 끝에 꼬리가 잡혀 일본 육군 방첩대에 그 일당과 함께 일망타진되었다. 태평양전쟁 당시 있었던 제일급의 첩보전이라고 할 수 있겠다.

첩보전이야말로 국가 간에 있어서는 필요악일는지도 모른다. 《삼국지》에서도 제갈량이 조조의 백만대군을 화공으로 깨뜨릴 수 있었던 것은 방통이란 모략가를 보내어 연환계(連環計)를 꾸민 덕택이었다. 춘추전국시대에도 각 나라가 세간(細奸)을 적국에 보내어 정보를 알아내곤 하였다. 역시 "지피지기(知彼知己)면 백전백승한다"는 손오병법(孫吳兵法)은 독창적인 것이 아니고 유사 이래 전해 내려오는 전법의 하나였다. 제2차세계대전이 일어나 일본이 진주만을 공격한 것이 1941년 12월 8일. 미국의 태평양 함대를 기습격멸한 일본인들은 기고만장하였으나 실상은 자기들을 파멸시킬 국가 최고기밀을 탐지당하고 있었다. 당시의 이 사건으로 일본인은 무척 놀랐고 당국이 발표한 대로 조르게 일당의 처형을 믿어 의심하지 않았으나 세월이 흐르자 비밀은 하나씩 베일이 벗겨지고 있다.

북방의 곰인 소련과 잔인하고 간교하였던 일본제국주의자 간에 있었던 국제정치의 일면을 보는 것 같다. 이 사나이의 협상송환이 사실이었다면 일본이 얻은 결과는 무엇이었을까 궁금한 일이다. 지금도 미묘한 관계에 있는 두 나라의 앞날을 점치기 위해서는 이 사건의 실마리가 도움이 될 것 같다.

  범인들이야 역사적 사건의 이면을 절대로 알 수 없지만 살다 보면 참으로 놀랄 만한 일이 많은 것이 세상사인 것이다.

악어새

태국의 수도 '방콕'에 가면 악어동물원을 구경할 수 있다.

'샴' 악어만을 모아놓은 것이다. 우글우글 모여서 입을 쩍쩍 벌리는 모습은 과연 납량 제1호감이 아닐 수 없다. 악어는 얼굴 모양에 따라 '앨리게이터' 종류와 '크로코다일' 종류로 나눈다. '앨리게이터'는 얼굴이 넓고 납작하며 비교적 온순한 반면 '크로코다일'은 얼굴 끝이 뾰족하고 아래턱의 이가 내밀어져 있고 아주 사납다. 대표적인 '크로코다일' 유가 인도 악어다. '나일' 악어는 콧등이나 등에 악어새를 싣고 다니는 것으로 유명하다. 악어가 입을 벌릴 때 이빨 사이에 찌꺼기를 먹어치워 주고 악어가 움직이는 대로 등에서 휴식을 취하는 공생의 대표적인 예로 동물학자들이 양자의 관계를 들곤 했다.

그러나 최근에 알려진 바에 의하면 악어새는 악어의 이빨을 청소해 주기는커녕 악어등에서 공짜여행만 즐긴다는 것이 알려졌다. 결국 관찰자의 착각이었음이 드러난 셈이다. 이러한 경우는 비단 동물세계뿐만 아니라 인간의 역사에서도 흔히 보는 법.

그래서 요즈음 새삼스레 역사의식과 사관의 문제가 들먹여지고 있는 것 같다. 개인에 있어서도 자기는 상대에게 어떠한 은혜를 베풀고 있다고 여기고 있으나 실상은 상대에게도 피해의식을 불러일으키는 경우가 많음을 본다. 인간관계에 있어서의 착각의 경우다.

민족의 역사에 있어서도 이런 예는 얼마든지 들 수 있다. 해방 후 한일회담 때 일본대표가 일본의 통치가 우리나라에 이로웠다는 망언을 하여 전국민을 아연하게 만든 적이 있었다. 그러나 지금도 50대의 어떤 분들의 입에서는 거침없이 일제시대의 태평성대(?) 얘기가 나오고 향수 어린 노랫가락이 흘러나온다. 현해탄 너머의 일본인이 그것 보라는 듯 웃고 있는 것 같다.

민족의 반역자로 대표적인 인물이 한말의 역적 이완용. 그 자손들이야말로 지금도 고개를 못 들고 살고 있으려니와 앞으로도 그럴 것이다. 그러나 불운한 시대에 태어나 당시의 엘리트였던 그가 역적질을 하게 된 동기는 무엇이었을까? 개인의 영달, 금력, 아니면 자기 나름의 민족적 장래를 위해서였을까? 아니면 시류에 몸을 맡긴 비극적 인텔리의 대표적인 예였을까? 궁금한 일이다.

한말의 역사를 살펴볼 때 참말로 아쉬운 것은 이러한 비극적인 인물들을 역(逆)으로 연구해 보는 작업이 아닐까 한다. 그의 인간적인 고뇌는 과연 그만의 것이었을까. 민족을 배반하면서까지 추구한 개인영달에 대한 집념이 그만의 것이었을까. 그가 어려운 시대를 살아가기 위해 몸부림을 칠 때 대다수의 다른 사람들은 어떻게 행동했던가. 망국의 한을 소수의 역적들에만 둘러씌우는 행위. 자기들과 자기들의 선조에게만은 아무런 잘못도 없었다는 정신이야말로 분명한 착각이다. 착각, 이것은 개인은 물론 민족사에 있어서도 시급히 해결해야 할 중대한 모순이다.

소아병적(小兒病的)

남의 생각을 소아병적이라고 몰아붙이는 것을 가끔 보게 된다. 《국어대사전》에는 이 말의 풀이에 '생각이나 짓이 어려서 실정을 무시하는 경향'이라고 하였다. 언제부터 사용되었는지 알 길이 없으나 이 말처럼 주객이 전도된 말 또한 없으리라.

"아이들은 어른의 스승이다"라는 격언을 구태여 인용하고 싶지도 않지만 순진청순한 아이들에게 누명을 온통 돌리는 것 같아 씁쓸한 기분이다. 아이들이란 본 대로 들은 대로 가르친 대로 말하고 행동하게 마련이다. '공갈치다' '째리다' '웃기다'는 말은 아이들이 창조한 말이 아니다. 제 벗에게 "공갈 마"라고 대갈일성하여도 요즈음 세태에 아이를 나무랄 부모가 없을 것 같다.

세상사 돌아가는 모양이 사기, 협박, 횡령, 공갈이 득실거리니 아이에게만 이런 말을 못 하게 할 건덕지도 없을 것 같다.

어른들처럼 틀려도 옳은 것같이 얘기하고 짱뚱이 눈깔같이 지지리도 못난 자들이 저보다 잘난 사람이면 내리 깔아뭉개고 일어서려는 덜된 모양을 보고도 못 본 체하면서도 집에 가서는 아이들에게 위인전기를 안 읽는다고 성화다.

더더구나 요즈음 '클레이'나 '이에리사'가 되라는 부모는 많아도 가난한 예술가나 학자가 되라는 부모는 많지 않을 것 같다. 그러나 이 현상을 서글퍼만 할 수는 없는 일. 논밭 팔아 공부 가르쳐 놓으면 사이비 학자나 예술가로 변신하는 모습을 왕왕 보아왔기 때문인지 모르겠다.

스토어 부인이 쓴 〈엉클 톰슨 캐빈〉의 어린 주인공의 눈에 비친 어른들의 비정, 그것은 어린 마음에도 너무나 모순덩어리였다. 동물만도 못한 취급을 받는 흑인 노예들의 모습에서 어른들의 위선과 잔혹함을 뚜렷이 목격한 것이다.

진실로 생각이나 행동이 틀린 것은 아이들이 아니라 어른인 것이다. 실정을 잘 안다는 성인들의 자기 자신도 전혀 느끼지 못하는 맹목이 문제인 것이다.

학교 다니는 아이들의 생각은 너무도 깊다. 선생님이 어째서 자기를 미워하는가를 잘 알고 있는 것이다. 어째서 자기의 좌석이 뒤로 갔다가 앞으로 갔다가 한 달에 몇 번씩이나 바뀌는지 누구보다도 잘 알고 있다. 어째서 가장 커가는 시기에 어린아이들을 학교에 잡아놓고 과외수업을 하는가를 알고 있다. 그러나 더욱 문제 되는 것은 교육적인 신념으로 묵묵히 아이들을 가르치고 있는 교육인조차 한 통속으로 지탄하는 어른들의 철없는 짓이다. 이것은 생각해 볼 문제다. 이 고질적 성인병을 고칠 수 있는 명처방은 과연 무엇인지. 향후의 《국어사전》에는 오직 '성인병적'이라는 단어만 남을지어다.

갈대와 신문

요즈음 텔레비전의 연속극이 말썽거리다. 저녁 시간만 되면 온 가족이 달라붙어 밤이 이슥하도록 몰두하고 있는 광경을 도처에서 보게 된다.

그러나 내용이 미풍양속을 해치는 경우가 많고 우리의 윤리 의식으로는 감당하기 어려운 경우가 많다는 비난이 자자하다.

예를 들면 모민간방송의 〈갈대〉라는 연속극이 있다. 여주인공의 기구한 운명을 아기자기하게 드라마로 엮어가는 솜씨며 애수에 찬 주제가며 탤런트들의 무난한 연기로 가히 인기가 날마다 상승하고 있는 것 같다.

더구나 근래에는 주인공이 가야 할 곳은 과연 어디멘고 하는 현상 퀴즈에 상품도 서민들의 입이 떡 벌어질 정도로 푸짐하여 더욱 인기가 만점이다. 그러나 이도 미풍양속의 저해에 해당되어 불원간 그 막을 닫게 될 모양이다.

신문의 가십란에서도 이런 대중의 취향을 바보상자 놀음이라고 꼬집는 일이 비단 오늘만의 일이 아니다. 텔레비전 앞에 오래 앉아 있을수록 사고력의 저하는 필지의 사실인 것 같다. 그러나 더욱 무서운 것은 '규격화된 사고'를 초래할 수 있는 힘이 아닐까 싶다. 획일적인 정보의 홍보 속에서 대중은 비슷한 사고영역을 지니게 마련이다.

따라서 여러 사람들이 대중에 대한 '교화의 용이성'을 우려하고 있는 사실을 보게 된다. 규격화되고 완전한 짜임이 되어 있는 것이 반드시 옳으냐는 생각해 볼 문제다. 그릇된 정보의 결과로 대중이 자기의 판단과 가치기준이 가장 옳다는 착각이 더욱 문제가 된다는 얘기가 되겠다.

또한 텔레비전 드라마쯤이야 보아넘기면 그만이나 신문의 경우는 문제가 다르다. 아직도 인간의 사고영역에 가장 깊게 침투할 수 있는 매스미디어는 역시 활자라고 할 수 있다.

사고기능면에 다양하게 변화를 가져올 수 있다는 그 점에도 주의할 필요가 있다. 독자가 틀린 정보를 얻게 될 때와 진실에 도달할 수 없을 때 문제가 심각하다. 기사 한 줄에 철학이 필요하다는 논리가 여기에 있지 않을까 한다. 진실에 접근하려는 고뇌가 담긴 한 줄의 기사는 수많은 독자에게 진실을 추구하게 하는 계기를 준다.

사건의 진실이 왜곡된 기사. 사건의 본질에 대한 철학적 해석 없는 죽은 기사를 써갈기고도 태연한 횡포를 독자는 누구보다 더 분개한다. 진실에 접근하려고 노력하는 독자는 어디에나 존재하게 마련이다. 이러한 말 없는 독자를 의식하고 쓰인 한 줄의 기사에 대한 자부심은 매우 귀중한 것이다. '바보상자'의

횡포와 비정을 탓하기 앞서 신문은 자신의 얼굴을 거울에 비춰 보았으면 한다. 더덕더덕 기워진 누더기옷을 입고 있지 않은지 취한의 그것처럼 몽롱한 눈동자를 굴리고 있지는 않은지.

　그러나 독자는 목마르게 기다리고 있다, 그 진실을.

지닌 자의 양심

한 번이라도 친지의 자가용차를 얻어탄 사람의 상당수는 같은 차종의 택시보다도 훨씬 안락함을 느끼게 되는 것 같다. 더군다나 엄동설한에 덜덜 떨며 길을 걷는 사람들이나 삼복더위에 터덕터덕 걸어가는 행인들을 자가용 안에서 쳐다보면 저절로 앉아 있는 자세가 떠억 뒤로 젖혀지게 된다.

무엇인가 거리의 사람들과는 다른 이종의 인간이라도 되는 착각에 빠지게 된다. 이러한 현상이 가정이나 직장에까지 연장되면 참으로 문제가 되는 일이다.

남의 자가용 좀 얻어 탔기로서니 무얼 그럴쏘냐 하고 반문하는 사람도 있을는지 모르나 문제는 이러한 사소한 일로 사람들의 의식 수준이 자꾸만 특권화하는 현실이 상식을 지닌 사람들을 아연하게 만든다.

우리 속담에 "개처럼 벌어서 정승처럼 써라"는 말이 있다. 이 말의 본래의 뜻은 먹이를 찾아다니는 개처럼 천한 일을 가리지 말고 열심히 돈을 벌어 남부럽지 않게 살도록 하라는 말이겠으나 많은 사람들이 곡해하고 있는 것 같다.

　돈을 모을 때에는 온갖 부정이나 무리를 하여서도 일단 벌어 놓고 봐야 정승이고 나발이고 될 게 아니냐는 논리다. 부정하게 모은 자기 재산의 몇만 분의 1이나 될까 말까 한 금액을 사회에 환원시킨다고 떠들어대는 사람들에게 이제는 더 속을 사람도 없을 것 같다.

　서민에게는 기업인이 개처럼 부지런히 치부하는 것은 좋으나 광견병에나 걸리지 말아주었으면 하는 소망이 간절하다. 수많은 사람들을 실망하게 하고 생존의 의의에 대한 원시적인 반문을 하게 만들기 때문이다. 정당하게 치부한 기업인만이 진정으로 남을 위하여 돈을 쓸 수 있다는 진리를 알아주었으면 한다.

　근래에 하루가 멀다 하고 보도되고 있는 추악한 기업인의 모습이 이를 전적으로 증명하고 있다. 그러나 더욱 한심스러운 일은 일말의 양심의 가책도 느끼지 않는 이들의 태도다. 양심적인 기업인들의 얼굴에 먹칠을 하며 그들이 만든 상품을 사용해 온 소비대중을 우롱하는 행위야말로 지탄을 받아 마땅하다.

　미국의 대표적 부호였던 앤드류 카네기가 생전에 사회에 기부한 돈이 물경 3억 2,465만 7,399달러에 달했다고 한다. 사후 남아 있는 돈은 겨우 2,200백만 달러에 불과하였다. 그는 "부자는 자기보다 가난한 동포들을 위하여 재산을 보관하고 있는 것이다. 따라서 자기의 뛰어난 지식, 경험, 관리능력을 동포들을 위해 도움이 되도록 쓸 것이며 그들을 대신하여 그들 이상으로 훌륭하게 사물을 처리해야 하는 것이다"라고 하였다. 이 말을 우리의 모든 기업인들에게 다시 한 번 들려주고 싶은 것이다.

 쇠귀에 경 읽는 자는 천하의 우자라고 했던가 현자라고 했던가. 아아입하지절(阿阿立夏之節)의 오한(惡寒)인저.

상서시대(上書時代)

수년 전 모종합지에 작가 한 분과 의사 한 분이 환자와 의사 입장에서 서로 의견을 제시한 글이 있었다. 〈의사님 전상서〉에서는 요즘의 의사들이 불친절하다는 것, 휴머니즘이 적다는 것, 의료비가 우리 생활실정으로 보아 과도하다는 점 등을 주장하였고 〈환자님 전상서〉에서는 환자측의 몰이해, 사회와 국가시책의 몰이해와 비협조 등을 들었다. 모두가 일리가 있는 주장이었다.

오늘날 사회구조가 복잡해지고 전문계열화로 치달아 사회인 각자가 다른 사람의 직업에 대한 이해를 한다는 것은 거의 불가능하게 되었다. 따라서 타직업에 대한 상호 간의 무지와 불신이 생기게 마련이다.

애당초 우리 교육의 현실부터가 전공 이외에는 아예 상대도 안 하려는 태도가 급기야 이런 사태를 더욱 악화시킨 원인이 되고 있다.

매스컴에서는 간간이 의사와 환자 간의 분쟁이 보도되고 있다. 의료행위에 불만을 품은 환자측의 난동이 보도되는가 하면 죄 없는 히포크라테스가 들먹여지곤 한다. 이런 때면 히포크라테스의 후예들은 몸 둘 바를 모르게 되고 의권은 더욱 움츠러들게 마련이다.

'히포크라테스' '아리스토텔레스' '갈렌' 등 고대 또는 중세의 유명한 의학의 원조들은 철학자였다. 의학은 곧 인간학이었던 것이다. 오늘날 대중으로부터 몰이해의 원인은 경제적 빈곤과 새로운 사회구조의 전개에도 있지만 인간학을 외면한 의학 교육 자체가 의료인의 대량 배출에만 몰두하였기 때문이다.

가장 문제가 되고 있는 불신감의 해소가 시급한 이유는 팽배된 불신의 분위기 속에서는 의사가 소신껏 의료행위를 하기가 어렵고 환자 또한 올바른 진료를 받기도 어렵기 때문이다.

의사가 자기의 온 정열과 지식을 기울여 치료에 임했는데도 불구하고 환자측이 오해를 할 때의 좌절감과 분노는 말할 수 없이 깊다. 환자 또한 의사의 몰인정한 처사를 한 번이라도 당했다면 두고두고 의사를 원망하게 된다.

공자의 제자인 번지가 인(仁)을 공자에게 물으니 왈 "사람을 사랑하는 것이지"라고 하였고 지(智)란 무엇인가 하고 물었는바 "사람을 아는 것이지"라고 대답하였다. 인과 지가 아쉬운 현실이다.

의학에 공학이 도입되어 이용되고 각 장기 이식수술(移植手術)에 의하여 죽음의 정의가 새로워지고 있는 현재처럼 의학의 도덕성이 새삼스레 논의된 적이 없다. 또한 모든 사람이 정당한 의료혜택을 받을 수 있도록 의사의 직분에 대한 이해와 협조를 아끼지 않아야 한다. 정부는 현재의 의학교육제도에 대한 검토와 아울러 의료보험제도의 시행을 신중히 고려해야 할 것이다.

무서운 어른들

은백색의 금속이 말썽이다. 카드뮴, 전기도금, 전지, 페인트 등의 안료로 요긴하게 사용되고 있는 물질이다. 세계보건기구에서 발표한 4백여 종의 유해물질 가운데 우리나라는 1972년 산업안전보건위원회(産業安全保健委員會)에서 57종의 유해물의 허용 한계를 설정하고 있다. 사실상 이 한계치도 문제가 많다. 동물실험에 있어서 나타나는 양과 생체반응 관계의 '시드모이드' 곡선을 가지고 얻으나 생체반응 중 어떤 것에 기준을 두어야 할는지 애매하다. 때문에 각국은 제 나름의 한계치를 가지고 있다.

미국의 연방산업위생위(聯邦産業衛生委)의 권고농도(勸告濃度), 영국의 왕립화학공업회(王立化學工業會), 소련의 허용한계치 등이다. 이러한 애매한 설정 기준 때문에 많은 문제가 대두될 가능성이 있다. 카드뮴 외에 수은, 크롬, 베릴리움 같은 금속 물질의 해독에 대해서는 이미 자세히 알려져 있다. 이렇게 수많은 공해 물질 속에서 살고 있는 요즈음 도대체 무엇 때문에 사는가 하고 반문해 본다. 각자의 인생관에 따라 여러 가지 답이 있지만 제 자식의 행복된 앞날을 바라며 살아가는 부모가 대다수일 것이다. 그러나 소박한 이 바람이 자꾸만 흔들리고 있음을 보게 된다.

콩나물 교실의 공기오염은 이산화탄소의 한계선인 0.15%를 초과하고 발육기 아동에게는 너무 협소한 학교 운동장이며 수많은 불량만화가게 그리고 유해한 색소의 과자류가 진열된 가게, 이러한 교육 공해 속에서 집에 돌아오면 어른들의 호령에 이리저리 몰리다가 집 밖의 교통공해의 희생물이 되고 만다.

날이 밝으면 무서운 유기연(有機鉛)이 혼합된 가솔린의 안개 속으로 아이들을 내몰고 있다.

이미 고대 히포크라테스 시대부터 문제가 된 연 중독, 문명의 발달과 더불어 증가한다는 대기중의 연 농도가 웬일인지 서울이 동경, 로스앤젤레스를 능가하고 있으니 우리 도시라고 하여 크게 뒤떨어지지는 않을 것이다. 산업문명의 대가로 오염된 공기를 마시고 사는 언필칭 문화도시에 어린이 놀이터가 불과 세 개라는 사실은 무엇을 말하는가?

한때의 유행어처럼 어린이들에게 놀이터를 주자는 운동이 끝나면 또다시 잊히는 즉흥적 현실 속에서 아무리 훌륭한 교육 헌장을 가지고 있어도 우스운 일이다. 드라이저의 《아메리카의 비극》에서 보듯이 산업사회의 뒤안길에서 전개되고 있는 인간 가치의 상실은 작금의 이 사회에서 수많은 현상이 되고 있다.

폭력이 난무하는 매스컴의 홍수와 전율할 환경공해, 인간 공해에 둘러싸인 우리 아이들이 서야 할 땅은 어디인가. 오늘도 아이들은 그 눈동자를 반짝이며 무엇을 배우고 있을까.
 이 비극, 그 누구의 책임인가?

육아론 시비

 육아 바이블이라고 불리며 30여 년 동안 전세계 부모들에게 관심을 불러일으켰던 벤저민 스포크 박사의 《육아상식서》가 최근에 미국에서 시빗거리다. 이 책은 유아식이법, 대소변 가리는 법, 기타 일반적인 아동을 다루는 법 등에 대하여 엄격하고 완고한 부모들의 편견에 대해 경고한 바 있다. 아이들도 부모와 똑같은 인격체로 대하고 자신의 신념에 따라 키우라고 역설하였다. 또한 성장과정에서 아동의 생리적인 성숙도를 도외시하고 억지로 교육시키려는 부모의 무지를 탓하였다.
 이 '스포크' 박사의 육아방법에 대하여 미국의 여러 소아과 의사들은 오늘날 미국이 당면한 부모에 대한 자녀들의 반항적인 태도와 부모 자신의 권위 상실 등의 이유로 미국사회의 혼란의 일단을 초래하였다고 지적하였다. 스포크 박사 자신도 종전의 유화(宥和)한 자녀들에 대한 부모의 태도에서 좀더 엄격한 육아방법을 제창하였고 종전의 자기 주장의 일부의 잘못을 시인하였다고 한다. 육아방법에 있어서 이러한 시비는 결국 우리

가 살고 있는 오늘의 세계가 급속도로 변화되어감에 따라 새로운 방법론을 필요로 하기 때문인지도 모른다.

〈로마 클럽 동경 보고서〉에 의하면 세계가 급변하는 데 대한 해결의 접근방법으로 새로운 가치 시스템, 새로운 기술 시스템 그리고 새로운 사회 시스템에 의해서만이 가능하다고 하였다. 따라서 아이들을 기르는 문제에 있어서도 부모의 인생관, 세계관의 혼란과 자신감의 상실이 큰 문제가 되고 있다. 오늘날 우리 사회가 직면하고 있는 청소년 문제, 학동기 문제아동의 교육 문제 등은 근원적으로 유아기 및 전학동기의 인격 성격 과정의 육아방법에 대하여 냉정한 반성이 필요할 것이다.

부모의 가치관의 혼란과 교육자, 소아과의사, 아동심리학자 사이의 대화가 단절된 상황에서는 결국 많은 문제가 파생될 소지를 남겨두고 있다. 또한 인류가 처한 '자원', '에너지', '공해'의 3대 위기로부터의 생존전략도 시급하지만 도시의 대형화에 따른 비인간화, 인간 가치관의 상실과 교육목표에 대한 회의를 어떻게 이겨 가느냐가 문제다.

오늘 전세계가 안고 있는 기성세대에 대한 불신과 반항의 청소년 문제 그리고 모든 부모가 당면하고 있는 삶의 목표에 대한 회의와 교육목적에 대한 확고한 자신감의 상실은 시급히 논의되어야 하고 극복되어야 한다. 또한 새로운 세계를 인류가 맞이하고 이 위기를 극복하려면 여러 시스템의 발전적인 추구에 뒤따라 육아방법에 대한 많은 논의가 필요할 것 같다.

프로크로스테스의 침대

그리스 신화에 의하면 영웅 테세우스에게 잡혀 죽은 프로크로스테스란 산도적이 있었다. 그는 지나는 길손을 붙잡아 철침대에 뉘어놓고 그 사람의 키가 침대 길이에 맞지 않으면 죽여버리곤 하였다. 그러나 자신도 마침내 영웅에게 사로잡혀 침대에 맞추었더니 맞지 않아 머리와 발이 잘려나가고 말았다.

남의 물건을 빼앗는 행위도 도저히 용서 못 할 일인데 하물며 타인의 귀중한 생명을 빼앗는 것이야말로 대표적인 비도덕적 행위라고 할 수 있다. 더군다나 아무 의미가 없는 침대 길이에 따라 사람의 생사를 결정하였으니 참으로 기가 찰 노릇이다.

사람은 누구나 개성에 따라 세상을 자유롭게 살아갈 권리를 지니고 있다. 키도 2미터가 넘는 거인으로부터 아프리카 소인족까지 다양하다. 키 큰 사람은 그 사람 나름으로, 키 작은 사람은 키 작은 사람대로 적응하여 생활하게 된다.

또한 진리와 자유도 어떤 사람에게는 형이상학적인 잠꼬대일지 모르나 누군가에게는 생존 전부를 의미하기도 한다.

다른 사람이 필요로 하는 것을 이해하기에 앞서 이를 자기 방식으로 측량하려 달려드는 행위야말로 가장 경계해야 한다.

건전한 사회는 모든 사람이 서로 존중하고 이해할 때에만 그 사회적 기능을 발휘할 수 있다. 캡을 쓰고 색깔 고운 유니폼을 단정히 입은 꼬마들이 스쿨버스에 잔뜩 타고 등교하는 광경을 보게 된다. 우리말도 제대로 모르는 아이들이 학교에서는 아버지는 '파더' 어머니는 '마더' 하며 영어를 배운다고 한다. 공립학교 꼬마들은 자꾸만 저희 학교는 나쁘다고 엄마에게 시비를 건다. 영어를 배우지 않는 꼬마들에게는 부모가 원망스러울지 모른다. 엄마는 '고데'하러 미장원에 가면서 가정부에게 아빠 점심으로 '스시'를 만들라고 지시한다. 그러나 아무리 개화된 지금이라도 엄마 뱃속에서 나오자마자 '마마' 하고 울었다는 아이는 금시초문이다.

제 나라 말도 올바로 쓰지 않는 사람이 아이에게는 열심히 외국어를 학습시킨다. 이 행위가 곧 우리 사회에 또 하나의 프로크로스테스를 탄생시키고 있는 것이다.

또한 어려서부터 유니폼으로 무장시키고 개성 교육을 일컬으니 어안이벙벙하다. 산이 그렇게 무성하고 풍요로움은 잡목이 서로 이웃하기 때문이다. 남의 권리와 자유와 개성을 존중한다는 사람들이 자꾸만 서로를 침대 길이에 맞춰보는 경쟁을 일삼고 있지 않은지. 진정 필요로 하는 것은 기본적인 물음에 대한 수식 없는 기본적인 대답일 뿐이다.

사슴과 꼴뚜기

모가지가 길어서 슬픈 짐승이여
언제나 점잖은 편 말이 없구나
관이 향기로운 너는 무척 높은 족속이었나 보다.

물속의 제 그림자를 들여다보고
잃었던 전설을 생각해 내고는
어찌할 수 없는 향수에
슬픈 모가지를 하고
먼 데 산을 바라본다.

고독하게 세상을 살다 간, 여류시인 노천명의 〈사슴〉의 시문이다. 사슴은 사하라 이북의 아프리카, 아시아, 남북미에 서식하는 초식성 동물인데 위가 4개로 나뉘어 소처럼 반추작용을 한다.
또한 가을과 봄 두 차례에 걸쳐 머리에 난 두 뿔은 탈락을 하게 된다. 쓸개가 없는 동물이기 때문에 그의 어리둥절한 모습을 빗대어 "쓸개 없는 사슴 같다"고 놀림을 당한다.

요즈음 이 사슴이 외국으로부터 수입되어 이러쿵저러쿵 말이 많다. 국민 정서 생활의 향상을 위하여 들여온다는 업자의 말이고 보니, 비록 연탄 걱정, 식량 걱정이 태산 같을지언정 사슴의 맑은 눈망울을 바라보면 세상사는 한결 재미있어지리라는 생각 높은 업자의 양심(?)에 정말 감지덕지나 해야 할까 보다.

그러나 이 '슬픈 모가지'를 가진 짐승의 두 뿔의 용도에 더욱 관심이 가는 이유는 웬일일까. 사슴의 산지인 뉴질랜드나 알래스카 사람들은 아까운 사슴뿔을 거들떠보지 않아도 건강하기만 한데 이 땅의 돈푼깨나 있는 족속들 중에는 어쩐 일인지 사슴뿔만 먹으려는 이들이 있다.

이 꼴뚜기 같은 사람들의 눈에는 여류시인 심상인 '향기로운 관'이 이해가 되겠는가. 꼴뚜기 인생들의 뱃속으로 들어간 사슴뿔은 이들의 텅 빈 머리를 더욱 비게 하고 흉물스런 모습으로 변신시킬 뿐이다. 사슴 목장도 좋고 사자가 으르렁대는 자연공원도 좋다. 설탕값이 올라 맹물 차를 마시는 우리의 가난한 시인들이 이 자연공원에서 시상을 다듬어야 하는지…. 속셈은 뻔한데도 이들은 부끄러움을 모른다.

제 돈 제가 벌어서 쓰는데 무슨 잔소리냐고 할는지 모르나 벼룩도 낯짝이 있어야 하듯 이들의 치부가 누구의 혜택인가를 명심해야 할 줄 안다. 이왕 수입한 바에는 이들이 사슴의 얼까지 받아들였으면 한다. 거리의 스산한 풍경들을 바라보라.

서민들의 모습이 피안의 모습이 아니다.

녹용 많이 먹은 진시황도 제 명에 죽었는데 하물며 꼴뚜기 인생이라고 예외가 있을까. 매년 다가오는 성탄절을 기다리는 우리 아이들마저 산타할아버지의 썰매를 이끄는 사슴들의 모습을 보고 "아빠, 우리도 저 사슴뿔 먹어" 하고 조를까 무섭다. 이래서 서민의 아빠는 진정 두려운 것이다.

굶주리는 아이들

 세계가 식량문제의 위기감 때문에 떠들썩하다. 전세계의 식량 비축량이 27일 분밖에 없다는 충격적인 소식이다. 만일 어느 한 대륙에 큰 가뭄이 발생하면 수천만 명이 굶어 죽을 수밖에 없다고 한다. 녹색혁명으로 인류가 굶주림에서 완전히 해방되리라는 기대가 산산조각이 나고 있다. 더구나 석유파동에 따르는 비료 생산 가격의 상승으로 문제는 더욱 심각하다고 한다.
 굶주리는 5억의 세계 인구 중 아이들이 무려 2억에 이른다. 얼마 전 방글라데시 비아프라의 극심한 가뭄으로 수많은 아이들이 아사했음을 기억하는 사람들에게는 굶주림에 젖은 커다란 눈동자, 앙상한 늑골, 거미줄처럼 갈라진 늪에서 죽어가는 동물들, 이런 무서운 광경에 또다시 공포감을 불러일으키게 된다.
 전쟁과 기근 후에는 아이들의 성장 지연이 필연코 뒤따르게 된다는 좋은 예가 있다. 독일에 있는 '슈투트가르트' 학교 아동을 1911년부터 1953년에 걸쳐 신장과 체중을 측정한 통계 자료에 의하면 제2차세계대전 전까지는 모든 나이에서 균일하게 증가하고 있지만 대전 말에는 불충분한 영양섭취로 성장의 증가율이 급격히 떨어짐을 뚜렷이 나타내고 있다.

아이들은 역경이 오래 계속되지 않는 한 강한 회복력을 가지고 있기 때문에 짧은 기간의 영양불량은 개체의 성장은 일시 정지되나 영양상태가 좋아지면 성장속도는 급히 빨라져 유전적으로 결정지어진 성장곡선에 따르게 된다고 알려져 있다. 그러나 현재의 식량 사정으로는 수많은 굶주린 아이들의 성장저하는 만성적인 양상을 지닐 우려가 있다.

후진국이나 개발도상국에 있는 아이들을 괴롭히는 질환 중에도 영양부족이나 전염병이 가장 큰 과제며 양자는 밀접한 관련이 있다. 영양부족으로 인한 저항력 약화는 전염병이 창궐할 소지를 마련해 주고 있다. 따라서 굶주린 아이들은 간단한 감기나 설사로 생명을 잃게 된다. 근본적인 문제 해결 없이는 의사들이 아무리 아이들의 질병과 싸워도 그것은 어려운 일이다. 오늘날 아동보건 문제가 국가정책의 뒷받침 없이는 불가능한 이유가 바로 이 점이다.

그러나 세계는 군비로 연간 2천억 달러를 소비하고 있다. 최근 Z전투기 한 대 값이면 최신 시설의 병원 열 개를 짓고, 원자탄 한 개는 굶주린 5백만 아동에게 6개월간 충분한 영양을 공급할 수 있다. 현재의 식량위기는 후진국의 폭발적인 인구뿐만 아니라 강대국들의 추악한 '내셔널리즘'이 더욱 문제다. 세계의 축적된 부가 한 국가의 전유물인 시대는 지났다. 내 자식을 굶지 않게 하려는 것은 모든 부모의 소망이기 때문이다.

겨울바다

　타는 듯한 태양과 젊음 그리고 가없는 바다의 출렁임 속에서 여름을 보낸 사람들에게 바다는 이미 추억 속에 파묻혀 있다.
　그러나 겨울바다를 여행해 본 사람은 잿빛 바다에서 우수를 느끼며 수평선 너머로 사라져 가는 흰 돛단배의 쓸쓸한 풍경에 한층 매료당하게 된다. 연안 항로를 따라 섬 사이를 항해하면 눈 덮인 산이며 마을들이 하나의 얘기처럼 사람의 눈길을 끈다.
　또한 대양을 여행하게 되면 상상하였던 것보다도 훨씬 광대해서 놀라게 된다. 그리고 그 옛날 그리도 보잘것없이 초라한 배를 타고 대양을 항해했던 선인들의 용기에 새삼 감탄하게 된다. 대양에서 해가 지는 모습은 장관이 아닐 수 없다. 온통 하늘과 바다를 눈부시게 물들이며 새빨간 태양이 수평선에 한참 동안 걸려 있는가 하면 어느새 풀썩 사라져 버린다. 그리고 어둠이 곧 온 바다를 뒤덮게 된다.
　무수하게 널려 있는 별들과 어둠에 묻힌 바다에서 들리는 건 파도를 헤치는 엔진소리뿐이다. 여기에서는 억척스러운 생활의 투쟁도 모두 순수해지는 것이다. 가없는 바다를 하루이틀 항해하면 사람들은 그 잡다한 육지를 그리워하게 된다. 선창 너머로 오르락내리락하는 수평선을 육지를 그리워하는 눈망울로 오롯이 바라보게 된다. 부두의 소음과 인파를 듣고 보고파하게 된다.

이러한 바다가 죽어가고 있다. 대형 유조선 한 척의 침몰만으로도 다도해를 죽음의 바다로 만들 수가 있다고 한다. 남해안 연안의 공업단지가 이웃해 있는 지방에서는 공장 폐수로 어업과 양식업이 타격을 입고 있다는 소식이 간간이 보도되곤 한다.

인류의 장래를 예언한 많은 사람들이 이구동성으로 바다만이 인류의 앞날을 밝게 해줄 마지막 터전이라고 한다. 해저 광물의 채굴과 해저도시 건설 그리고 식량원과 기후 조절 역할을 하는 바다가 그 생명력을 잃어가고 있다. 지구 표면적의 70%를 차지하는 바다의 플랑크톤의 몇 분의 1만 자멸하여도 어족의 멸망은 물론 대기중 산소의 함량에도 중대한 변화를 초래한다.

제아무리 주의를 기울여도 바다의 완전한 정화는 거의 불가능하다. 대양에는 몇 개의 대해류가 있는데 북태평양과 남태평양 그리고 브라질 해류, 남인도양 해류 중의 한 해류가 지나는 길목의 대해저 유전에서 큰 유출이 있다고 가정하면 문제는 심각할 수밖에 없다. 지금 전세계가 해저 유전의 개발에 혈안이 되어 있기 때문이다. 겨울바다를 바라보며 우리를 감싸주며 즐거움을 주었던 그 바다가 영원한 주검이 되지 않도록 노력해야 할 것이다.

인생의 굴레

얼마 전 집안어른의 영결식에 참석하였다. 목사님의 영결사는 죽음을 피안의 것처럼 여기고 있는 참석자에게 사정없는 질책을 하고 있었다.

"사람들은 결국에는 모두 죽는 것입니다. 이 돌아가신 분과 언젠가는 만나볼 수 있는 그날이 올 것이니 너무 슬퍼하지 마십시오."

가장 가까이 있으나 가장 먼 것처럼 느껴지는 죽음 자체를 무시하려는 삶의 태도를 대다수 사람에게서 볼 수 있다.

그러나 범인들에게는 죽음을 눈앞에 그리면서 살아간다는 것도 무척 고통스러운 것일지 모른다. 사람은 일생 동안 온갖 시련과 행·불행을 맛보게 된다. 그때마다 이 순간을 넘어서면 또 다른 삶이 기다리고 있으려니 하는 안타까운 기다림 속에서 살아가는 것 같다. 정신과의(精神科醫)인 빅터 프랭클은 책임을 인간 존재의 본질로 인정하여 인생을 두 번 살고 있는 것처럼 살라고 했다. 첫 번째 인생은 지금 살려고 하는 인생처럼 형

편없이 지난 것처럼 살라고 말하고 있다. 로고테라피의 창시자다운 얘기다.

그러나 사람이 현재의 삶을 연습이라고 여기고 인생을 재차 살아간다면 모두가 보람 찬 삶을 영위할 것인가 하는 점도 또한 의문이 많을 것 같다. 재차의 삶에서는 온갖 명예와 금전의 유혹과 잡다한 일로부터 자신을 지킬 수가 있을지 의문이다.

주위 사람들이 하나둘씩 사라져가도 자기만은 인생을 영원히 살 것 같은 착각 때문에 온갖 모순에 스스로 빠져들어간다. 한 인간의 일생을 다른 사람이 왈가왈부 평가한다는 것은 손쉬운 일이 아니다.

천재화가 이중섭이 아사한 그 자체를 놓고 그 행위가 옳으냐 그르냐 갑론을박하는 광경을 보았다. 그처럼 열심히 일생을 살아가려는 사람도 드물었지만 그 상황에서 어쩔 수 없이 좌절하고 만 한 예술가의 생애를 봄으로써 인생에 대한 의미를 끊임없이 추구한 목자상(牧者像)을 보게 된다.

사후에 비로소 외국인의 눈에 띄어 그 진가를 평가받았다는 사실에 부끄러움을 느껴야 했다. 맹목은 먼 데 있는 것이 아니라 우리 자신에게 있음을 알아야 한다. 과연 우리들의 눈을 뒤덮고 있는 여러 요소들은 무엇일까.

우리 지방에서도 하루가 멀다고 전람회가 열리고 있다. 또한 이 지방 출신의 작가가 수상하였다는 반가운 소식이 간간이 들린다. 그러나 대다수 사람들의 무관심은 무엇을 뜻하는가.

곡마단에서 불어대는 나팔소리에 어쩔 줄 모르는 사람들처럼 들떠 있는 이들에게는 전람회에 가서 한 폭의 그림이라도 감상하라고 권하고 싶다. 삶에 대한 약물요법이라고 생각하면서. 보약이 따로 있는 것이 아니다.

그러나 인생에는 첫 번째의 삶도 두 번째의 삶도 없는 법이다. 오직 한 번뿐인 것이다. 산다는 것은 진정으로 연습은 아니다.

오! 내일

추운 계절이 성큼성큼 다가오고 있다. 거리에는 사람들의 발걸음이 조금씩 빨라지고 표정이 긴장되어 간다. 여기저기에는 포장마차의 간이주점이 하나둘씩 늘어가고 있다. 옹기종기 둘러서서 소줏잔을 기울이고 있는 모습에서 더욱 계절을 실감하게 된다.

조락의 계절처럼 사람을 또한 공허하게 만드는 것도 없다. 비록 시인들이 나목의 의지를 노래하고 계절을 찬탄하지만 서민들은 이때는 한 가닥의 저항감을 느끼게 된다. 무엇인가 바빠지고 헝클어진 책장이 더욱 을씨년스럽게 보이는 것도 이 때문이리라. 또한 멀리 떨어져 있는 다정한 사람들이 새삼스레 그리워지게 된다.

그러나 요즈음은 잉크 냄새가 물씬 풍기는 조간신문을 집어 들어도 전처럼 가벼운 마음이 아니다. 잊고 싶던 얘기들처럼 가슴을 짓누르는 잡다한 일들로 꽉 차 있음을 느끼게 된다.

사람들의 대화가 너무 단조롭고 메마르다. 인류가 일초에 25

명씩 굶어죽어 간다는 무시무시한 외신이 화제가 되고 연탄이며 김장 걱정이 가장들의 입에서도 서슴없이 나오고 있다.

그러나 어느 때에도 기쁨과 걱정은 모자이크를 이루고 있었다. 사람이 살아간다는 것은 이 모자이크를 엮어가는 과정일는지도 모른다.

저녁이 깊어 우연히 시장을 지났다. 파장 직전의 시장은 이제 한가롭기만 하다. 아주머니들 몇이서 춤을 덩실덩실 추면서 노래를 부르고 있다. 오늘은 매상이 좀 올랐는지 모른다. 집에 돌아가면 가난에 찌든 대문이 기다릴망정 이 순간은 기쁨만이 얼굴에 가득하다. 내일 아침에는 학용품 살 돈을 달라는 아이에게 고래고래 악을 쓸는지도 모른다.

그러나 내일은 내일, 오늘은 아닌 것이다.

이 아낙네들의 모습을 보고 그 누가 비웃을 건가. 흥겨운 몸짓을 바라보면 즐거움이 같이 배어들 것이다. 인생을 살아가는 지혜는 바로 이것일지도 모른다. 슬픔과 역경 속에도 도처에 널려 있는 살아가는 기쁨을 찾는 노력이 필요할는지 모른다.

로마의 철학자 '보에시우스'는 화려한 그의 직위에서 일거에 사형선고를 받아 '파비아'로 유배되어 사형일을 기다리며,

> 아아, 인간의 정신은
> 험하고도 깊은 절망에 빠져
> 그 얼마나 우둔하여졌기에 자기의 빛을 버리고
> 외부의 어둠으로 가려드나

지상의 욕망을 더할 때마다
　　괴로운 근심도 한없이 커가는 것이다.

라고 한탄하였다.
　내일 비록 전인류가 굶어죽는다 해도 인간에게는 이를 극복하는 의지가 있는 것이다. 내일은 또 산과 강을 건너 우리에게 오고 있으리라.

발문

우리들의 항암제(抗癌劑)
― 정진홍(丁珍烘) 박사의 옆모습

　내가 처음 그를 대했을 때 나는 그의 매섭게 빛나면서 뒹구는 눈망울에 가슴이 녹아들고, 육중한 체구에 압도되지 않을 수가 없었다. 거기에 그의 걸걸한 듯하면서 카랑카랑하게 울리는 목소리와 거센 남도 지방의 토속적인 억양을 듣고는 그의 얼굴을 다시 보지 않을 수가 없었다. 왜냐하면 의학박사이자 소아과 병원 원장이라는 그의 눈망울과 체구와 목소리와 억양이 주는 인상이 아무래도 노가다판의 인부께나 다룰 줄 아는 청부업자를 생각나게 하고, 영산포와 나주의 무, 배추를 열차떼기로만 실어가는 배포 큰 장사치를 떠오르게 했기 때문이었다.
　10여 년 전의 어느 겨울날, 광주시민회관 소강당에서 우린 처음 만났었다. 그날 그는 국방색 계통의 바지에다 엷은 밤색 점퍼를 입고 있었다. 목 부분에 털이 많이 달린 것이었는지 어땠는지는 분명하게 기억할 수 없지만, 어쨌든 그의 몸집과 그 점퍼는 묘하게 어울려서 내 머릿속에 아주 강한 인상을 남겨놓

왔다.

한데, 10년을 내리 이웃하여 살아오면서 그에 대한 나의 생각은 모두 수정되어야만 했다.

"지금 뭣 하시오? 저하고 술 한잔 합시다."

그는 가끔 밤 열 시쯤 해서 나한테 이런 전화를 하곤 했다. 택시를 타고 좇아나가면, 그는 통금 시각이 턱에 닿도록 술을 들면서 문학 이야기, 고달픈 삶 이야기를 줄줄 엮어댔다. 그만큼 그는 권위의식 없고 소탈하고, 뜨거운 정 많고, 의분 많고, 학구적이고, 진지하고, 외로운 사람이다.

그의 생활을 옆에서 가만히 지켜보면 놀라운 대목이 한두 가지가 아니다. 첫 대면에서부터 악쓰고 울어대기 일쑤인 어린 손님들하고 밤 아홉 시 반까지 실랑이를 벌이고 의사협회 살림을 맡아보고 그 사이에 여기저기에 칼럼을 쓰고 전문서적을 뒤적거리고 시를 쓰고 불우한 동료 문인들을 남모르게 돌보아주고… 뿐만 아니다. 2년 가까이 〈전남일보〉에 의학 에세이를 연재했다. 〈월간 중앙〉에 그 나머지를 기고하기도 했다. 그것은 돌아가신 유명한 분들의 병력을 더듬어보고 그 병이 그분들의 삶과 업적에 어떤 영향을 미쳤는가 하는 것들을 추적한 재미있는 수필들이다.

지금 잠 잘 오지 않는 그의 40대는 늘 슬플 수밖에 없는 우리들의 삶을 생각하면서 어둠 속을 걸어보곤 하는 모양이다. 어느 잡지에 발표한 시(詩)에서 그는,

하늘을 가르는 화살 울음 들리던 새벽,

오, 세상은 살 만하구나

우리의 깡마른 얼굴로

눈물 없는 나의 40대…

이렇게 노래한 적이 있다. 나는 그에게 잠 안 오는 밤이 더욱 많아져서 그가 우리들의 영원한 항암제가 되지 않을 수 없게 되기를 바라고, 소아병적인 떨림에 몸 움츠린 우리들을 위하여 새벽으로 가는 길을 진단해 주는 이 시대의 편작이 되어주길 기대하면서 이 붓을 놓는다.

한승원(韓勝源)